Gestionar el crecimiento y las condiciones ambientales

Ester Chicano Tejada

Gestionar el crecimiento y las condiciones ambientales
© Ester Chicano Tejada

1ª Edición

© IC Editorial, 2024

Editado por: IC Editorial
c/ Cueva de Viera, 2, Local 3
Centro Negocios CADI
29200 Antequera (Málaga)
Teléfono: 952 70 60 04
Fax: 952 84 55 03
Correo electrónico: iceditorial@iceditorial.com
Internet: www.iceditorial.com

ISBN: 978-84-1184-415-4
Depósito Legal: MA 2392-2024

Impresión: PODiPrint
Impreso en Andalucía – España

Nota de la editorial: IC Editorial pertenece a Innovación y Cualificación S. L.

Presentación del manual

El **Certificado de Profesionalidad** es el instrumento de acreditación, en el ámbito de la Administración laboral, de las cualificaciones profesionales del Catálogo Nacional de Cualificaciones Profesionales adquiridas a través de procesos formativos o del proceso de reconocimiento de la experiencia laboral y de vías no formales de formación.

El elemento mínimo acreditable es la **Unidad de Competencia.** La suma de las acreditaciones de las unidades de competencia conforma la acreditación de la competencia general.

Una **Unidad de Competencia** se define como una agrupación de tareas productivas específica que realiza el profesional. Las diferentes unidades de competencia de un certificado de profesionalidad conforman la **Competencia General,** definiendo el conjunto de conocimientos y capacidades que permiten el ejercicio de una actividad profesional determinada.

Cada **Unidad de Competencia** lleva asociado un **Módulo Formativo,** donde se describe la formación necesaria para adquirir esa **Unidad de Competencia,** pudiendo dividirse en **Unidades Formativas.**

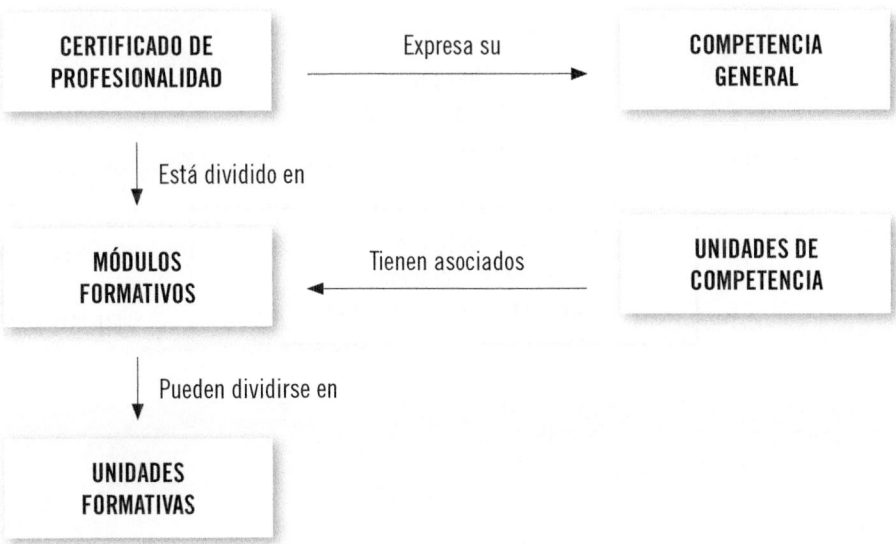

El presente manual desarrolla la Unidad Formativa **UF1892: Gestionar el crecimiento y las condiciones ambientales,**

perteneciente al Módulo Formativo **MF0484_3: Administración hardware de un sistema informático,**

asociado a la unidad de competencia **UC0484_3: Administrar los dispositivos hardware del sistema,**

del Certificado de Profesionalidad **Gestión de sistemas informáticos.**

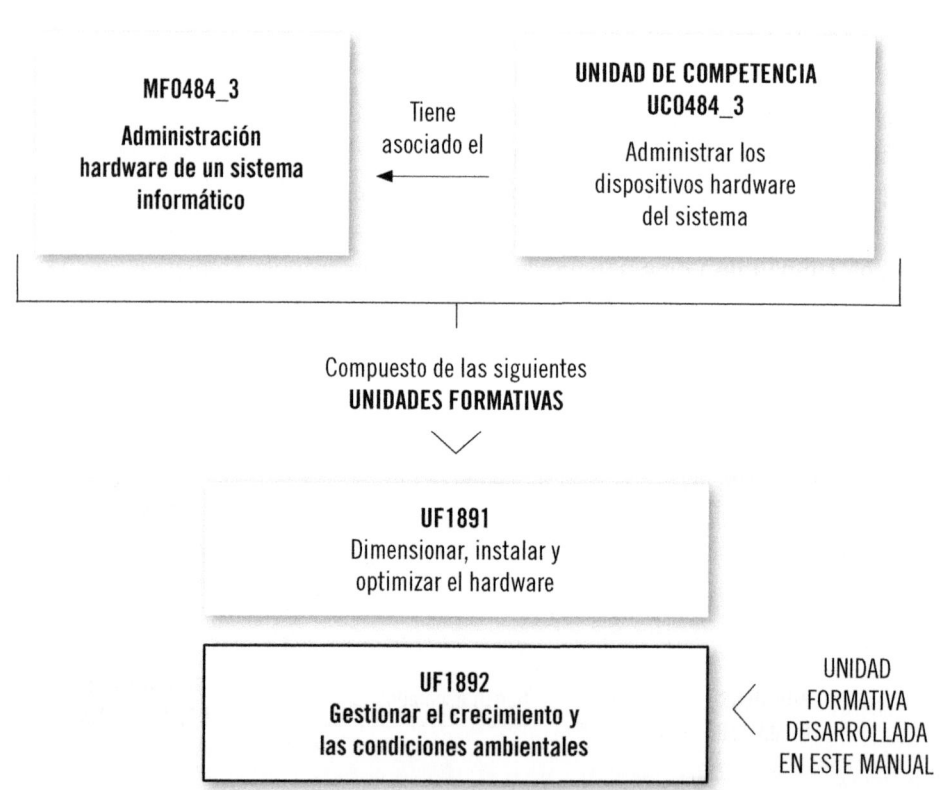

FICHA DE CERTIFICADO DE PROFESIONALIDAD

(IFCT0510) GESTIÓN DE SISTEMAS INFORMÁTICOS (R. D. 1531/2011, de 31 de octubre modificado por el R. D. 628/2013, de 2 de agosto)

COMPETENCIA GENERAL: Configurar, administrar y mantener un sistema informático a nivel de hardware y software, garantizando la disponibilidad, óptimo rendimiento, funcionalidad e integridad de los servicios y recursos del sistema.

Cualificación profesional de referencia		Unidades de competencia	Ocupaciones o puestos de trabajo relacionados:
IFC152_3 GESTIÓN DE SISTEMAS INFORMÁTICOS (R. D. 1087/2005, de 16 de septiembre)	UC0484_3	Administrar los dispositivos hardware del sistema	• 2721.1018 Administrador de sistemas de redes • Administrador de sistemas • Responsable de informática
	UC0485_3	Instalar, configurar y administrar el software de base y de aplicación del sistema	
	UC0486_3	Asegurar equipos informáticos	

Correspondencia con el Catálogo Modular de Formación Profesional

Módulos certificado	Unidades formativas	Horas
MF0484_3: Administración hardware de un sistema informático	UF1891: Dimensionar, instalar y optimizar el hardware	70
	UF1892: Gestionar el crecimiento y las condiciones ambientales	50
	UF1893: Instalación y parametrización del software	90
MF0485_3: Administración software de un sistema informático	UF1894: Mantenimiento del software	70
	UF1895: Auditorías y continuidad de negocio	50
MF0486_3: Seguridad en equipos informáticos		90
MP0398: Módulo de prácticas profesionales no laborales		80

Índice

Capítulo 1

Gestionar el crecimiento

Contenido

1. Introducción

El rendimiento de las instalaciones de una organización depende de muchos factores, tanto físicos como lógicos.

Por ello conviene realizar un estudio profundo de los factores ambientales que afectan negativamente al sistema de información, tanto a los equipos informáticos como al sistema de comunicaciones establecido entre ellos.

Para el análisis de las condiciones ambientales es necesario realizar una profunda revisión de todos los parámetros críticos y de sus niveles para determinar cuáles tienen deficiencias y el origen de estas.

Además, existe la posibilidad de que los bajos niveles de rendimiento de un sistema de información no provengan de condiciones ambientales, sino que estén causadas porque el sistema se ha quedado pequeño y necesita ser ampliado.

Si es ese el caso, habrá que revisar el sistema de información para determinar qué elementos hay que ampliar y realizar un análisis de mercado que permita conocer las últimas tendencias y las mejores opciones de compra.

2. Planificar las ampliaciones. Dimensionar los crecimientos futuros

Antes de planificar la ampliación de un sistema de información es necesario evaluar sus prestaciones (rendimiento) para ver si se pueden mejorar o bien para comparar varios sistemas y elegir el más conveniente.

La evaluación del rendimiento debe ser objetiva para que los resultados obtenidos se puedan seguir comparando con rendimientos futuros y que no haya ningún error en la comparación.

Más concretamente, es aconsejable la evaluación objetiva del sistema a lo largo de su ciclo de vida y en especial en las siguientes fases:

- **Fase de diseño:** en la planificación de implantación o ampliación de un sistema de información, antes de adquirir cualquiera de sus componentes, hay que analizar las distintas opciones existentes en el mercado y cuáles son sus características técnicas y económicas.
- **Fase de adquisición:** una vez conocidas las prestaciones de los componentes, equipos y dispositivos disponibles en el mercado se debe analizar también cuáles son las necesidades que debe cubrir el sistema de información, cuáles son las configuraciones más adecuadas y qué alternativa de compra resulta más conveniente.
- **Fase de ampliación:** cuando está el sistema implantado, y ya está en pleno funcionamiento, deben examinarse los problemas que se van presentando y determinar qué puede hacerse para solucionarlos:

  - Reparar el componente que esté fallando.
  - Cambiar los componentes del sistema necesarios para maximizar el rendimiento del sistema.

Para una correcta toma de decisiones en cuanto a componentes habrá que evaluar cuál va a ser su utilidad.

Por ejemplo, no es lo mismo el rendimiento necesario de una tarjeta gráfica para un trabajo de oficina básico que para un diseñador de animaciones gráficas: la tarjeta gráfica del equipo que utilice el diseñador deberá ser mucho más potente (aunque más cara) que la del trabajo de oficina básico.

Los objetivos más frecuentes de la evaluación de un sistema de información se muestran en la tabla siguiente:

OBJETIVOS DE LA EVALUACIÓN DE SISTEMAS
Comparación de varias alternativas para compra o ampliación de componentes.
Determinación del impacto de añadir un componente o característica nueva al equipo. Por ejemplo, una tarjeta gráfica nueva.
Sintonización del sistema: hacer que tenga más rendimiento para una funcionalidad concreta.
Medición de prestaciones entre varios sistemas.
Identificación de los fallos que minoran el crecimiento.
Determinación de expectativas de uso del sistema. Por ejemplo, cuántas aplicaciones simultáneas es capaz de soportar un sistema operativo.

2.1. Fases de evaluación de un sistema informático

Para la correcta evaluación de un sistema informático y determinar cuáles son los puntos críticos que es necesario revisar o ampliar, deben seguirse una serie de fases que se presentan a continuación.

Determinación de los objetivos

La medición del rendimiento de un sistema no tiene lógica si no se marcan previamente unos objetivos de modo que, antes de comenzar la evaluación, debe definirse claramente cuál es el sistema o las características que se quieren evaluar para que sea exclusivamente lo que se mida.

Por ejemplo, si quiere medirse el rendimiento de la memoria del sistema hay que extrapolar solo lo que le pertenece y quitar de la medición la influencia de los otros factores que puedan alterarla.

Listado de los servicios del sistema y sus resultados

Debe realizarse una lista de todos los servicios que ofrece el sistema de información y de todos los resultados que estos pueden ofrecer.

Un sistema puede dar tres tipos de resultados:

- Resultado válido.
- Resultado no válido.
- No ofrecer resultado.

En las mediciones deberán cuantificarse las probabilidades o las veces que ocurren unos u otros resultados (tasa de ocurrencia).

Selección de métricas

Para que la evaluación sea correcta y pertinente deben utilizarse unas métricas que permitan la comparación de las prestaciones del sistema.

Selección de parámetros

Son dos los parámetros que pueden afectar a las prestaciones del sistema:

- Sus características: que son las mismas para todos los sistemas con el mismo *hardware.*
- Su carga de trabajo: que varía constantemente aunque se utilicen los mismos componentes.

 Definición

Carga de trabajo
La carga de trabajo de un sistema de información es la cantidad de entradas que recibe y debe procesar en un período de tiempo determinado. Es la cantidad de aplicaciones que es capaz de soportar.

Determinación de los factores a analizar

Establecidos los parámetros, estos se irán variando a lo largo de la evaluación para determinar los distintos niveles de rendimiento del sistema.

Es conveniente conocer cuál es su rendimiento máximo para determinar si es verdaderamente necesaria una o varias ampliaciones de algún componente *hardware.*

Selección de las técnicas de evaluación

Existen varias técnicas de evaluación para un sistema de información:

- Modelización.
- Simulación.
- Medición de un sistema real.

La técnica más habitual es el *benchmark:* una serie de programas que evalúan el rendimiento de un sistema utilizando cargas de trabajo genéricas. Debido a la dificultad de conocer previamente la carga de trabajo, los *benchmark* ofrecen varios paquetes que miden directamente distintas características del sistema.

Selección de la carga de trabajo

Atendiendo a los objetivos definidos se seleccionará la carga a la que se someterá el sistema para su evaluación.

Diseño del experimento

Se diseñan varios experimentos para los factores que se han decidido estudiar y se dividen en niveles los valores que estos pueden tomar.

Lo habitual es diseñar experimentos que tengan numerosos factores pero con un número reducido de niveles. Una vez determinado el factor que más influye en el experimento se profundiza su análisis y se evalúa nuevamente con una cantidad más amplia de niveles.

Análisis de los datos obtenidos

Las mediciones no sirven de nada si no se interpretan los datos que se han obtenido. Por ello deberán analizarse dichos datos para extraer una serie de conclusiones sobre el rendimiento general del componente evaluado.

Presentación de los resultados

A través de los resultados obtenidos deberá elaborarse un informe que exprese toda la evaluación realizada con recomendaciones y consejos basados en dichos resultados.

De este modo, si se recomienda ampliar la memoria de un disco duro con la compra de uno nuevo, a través del informe se obtiene el suficiente apoyo documental que refuerce la recomendación.

Fases de evaluación de un sistema de información
1. Determinación de los objetivos
2. Listado de los servicios del sistema y sus resultados
3. Selección de métricas
4. Selección de parámetros
5. Determinación de los factores a analizar
6. Selección de las técnicas de evaluación
7. Selección de la carga de trabajo
8. Diseño del experimento
9. Análisis de los datos obtenidos
10. Presentación de los resultados

Actividades

1. Indique si las fases de evaluación de un sistema son las mismas para evaluar un componente *hardware* que una aplicación *software.* Argumente su respuesta.
2. Proponga ocasiones en las que sea posible que el sistema no ofrezca resultado ante una petición de servicio.

2.2. Decisión de las magnitudes, métricas y técnicas de evaluación

Los usuarios habituales del sistema de información suelen tener una idea aproximada de su rendimiento y de sus prestaciones, por lo que serán estos los que facilitarán la tarea de decidir qué magnitudes hay que medir y evaluar para saber si es necesaria una ampliación.

Dependiendo del tipo de usuario, las características a medir serán distintas. Por ejemplo, no utilizará lo mismo el administrador de una base de datos que un diseñador gráfico.

Sea como fuere, las características a evaluar se dividen en tres tipologías:

1. **Variables internas:** las variables internas son aquellas que están relacionadas directamente con las condiciones operativas del sistema en el momento de la evaluación. Las principales se describen a continuación:

   ▪ Factor de utilización: tiempo real de utilización de un componente.
   ▪ Solapamiento: tiempo de utilización simultánea de varios componentes.
   ▪ Sobrecarga *(overhead):* porcentaje de tiempo durante el que se han utilizado los dispositivos en tareas no relacionadas directamente con los trabajos en curso.
   ▪ Factor de carga de multiprogramación: tiempo de respuesta de un trabajo en entorno de multiprogramación respecto al tiempo de respuesta en entorno de monoprogramación. Mientras que en los

entornos de monoprogramación solo se puede ejecutar un proceso en un único procesador, en los entornos de multiprogramación se permite la ejecución simultánea de múltiples procesos en un solo procesador.

▪ Factor de ganancia de multiprogramación: tiempo de ejecución de un grupo de trabajo en entorno de multiprogramación respecto al entorno de monoprogramación.

▪ Frecuencia de fallo de página: cantidad de fallos de página en un periodo determinado y en un sistema de memoria virtual paginada.

▪ Frecuencia de *swapping:* cantidad de programas expulsados de memoria en un tiempo determinado.

▪ Factores relacionados con la memoria caché de la CPU: cantidad de fallos de la memoria caché en un período determinado.

Las variables internas miden aspectos que, por lo habitual, no suelen ser visibles para un usuario básico. El responsable del sistema es el encargado de detectar deficiencias y evaluar estas variables.

2. **Variables externas:** hacen referencia a características físicas del sistema:

▪ Productividad *(throughput):* trabajo útil por unidad de tiempo, atendiendo a una carga determinada.

▪ Capacidad: máximo trabajo útil por unidad de tiempo, determina su nivel máximo de productividad.

▪ Tiempo de respuesta: tiempo de procesamiento de una tarea.

3. **Variables relacionadas indirectamente con las prestaciones:** se trata de variables que no evalúan directamente el rendimiento de un sistema:

▪ Disponibilidad: probabilidad de funcionamiento del sistema en un momento concreto.

▪ Fiabilidad: probabilidad de funcionamiento correcto en un período de tiempo determinado.

▪ Seguridad: nivel de correcto funcionamiento del sistema sin influir negativamente a otros componentes.

▪ Performabilidad: probabilidad de seguir funcionando el sistema con ciertas prestaciones en caso de producirse algún fallo.

▪ Facilidad de mantenimiento del sistema.

Nota

Estas variables no están directamente relacionadas con el rendimiento del sistema pero sí con su comportamiento, por lo que siempre es recomendable tenerlas en cuenta.

Aplicación práctica

Usted, como responsable de informática, quiere realizar una evaluación exhaustiva de los distintos sistemas que hay en su organización. Aunque usted sabe que las características físicas de los componentes del sistema son las adecuadas, le preocupa los fallos que puedan tener y las consecuencias que pueden ocasionar. ¿Qué variables deberá utilizar en la evaluación?

SOLUCIÓN

Sabiendo que las características físicas de los sistemas son las adecuadas, no es primordial evaluarlos utilizando variables externas.

Si lo que se pretende es medir los fallos de los componentes de los sistemas y la capacidad de recuperación de los mismos, lo más adecuado sería utilizar mediciones de variables relacionadas indirectamente con el rendimiento del sistema.

Algunas variables que podrían utilizarse para evaluar los parámetros deseados serían:

I Disponibilidad, donde se evalúa la probabilidad de funcionamiento de un sistema en un momento determinado.
I Fiabilidad, donde se evalúa de funcionamiento correcto en un período de tiempo determinado.
I Seguridad, para conocer si el correcto funcionamiento del sistema puede afectar a otros componentes.
I Performabilidad, para conocer en qué medida puede seguir funcionando correctamente el sistema en caso de producirse algún fallo.

Actividades

3. Indique qué variables utilizaría para evaluar el funcionamiento de un disco duro.

Selección de métricas

Cuando ya se tienen claros y definidos los objetivos de la evaluación del sistema informático (en este caso la verificación de necesidad de ampliar alguno de sus componentes), para empezar a proceder, hay que seleccionar las métricas de las prestaciones: cuáles van a ser los criterios que se utilizarán para la evaluación.

En un inicio se deben listar los servicios que ofrece el sistema para cada petición, que pueden ser los siguientes:

- La petición se ha realizado correctamente.
- La petición no se ha realizado correctamente.
- La petición no se ha realizado.

Si la petición se realiza correctamente, ya se puede medir el rendimiento (prestación) del sistema de varios modos:

- Responsividad *(responsiveness):* tiempo que ha tardado en ejecutarse la petición.
- Productividad: tasa en la que se ha realizado el servicio.
- Utilización: recursos que se han utilizado para realizar la petición.

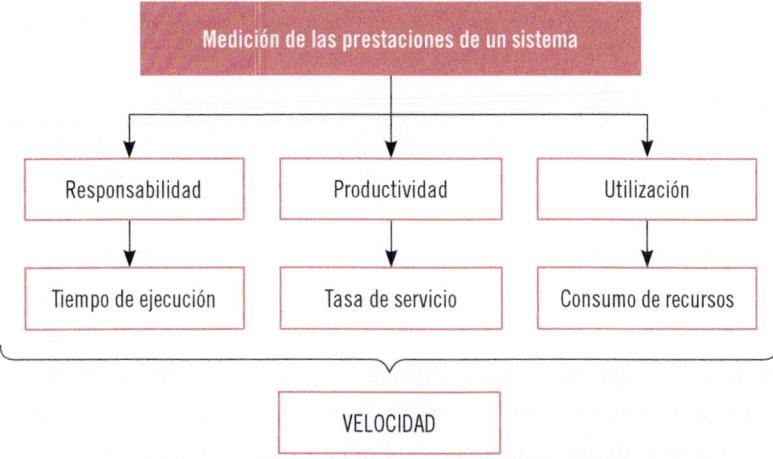

Como se puede observar en el gráfico, aunque se puedan establecer varios tipos de mediciones, lo que se pretende medir es la velocidad del sistema, además de su fiabilidad y disponibilidad.

Por ejemplo, la fiabilidad del sistema puede medirse con el cálculo del tiempo medio que ocurre entre los fallos y la disponibilidad con el tiempo que no está disponible el sistema en un período concreto por culpa de dichos fallos (horas de no disponibilidad/año).

No siempre pueden utilizarse todas las métricas, por lo que se tienen en cuenta una serie de criterios que ayudan a la selección de las métricas más apropiadas para el componente que se va a evaluar:

- Métricas que tengan un nivel bajo de variabilidad. Se deben seleccionar aquellas métricas que no varíen con frecuencia por no tener que medir las prestaciones constantemente.
- Métricas entre las que no haya redundancia, que no sean dependientes entre sí.
- Métricas que puedan ofrecer una visión completa de las prestaciones del sistema.

Sea cual sea el tipo de métrica que se vaya a utilizar, debe tenerse en cuenta su clasificación, distinguiendo entre:

- Métricas *más alto es mejor (HB-Higher is better):* a mayor valor de la métrica, mejor es la prestación del sistema. Por ejemplo, la medición de la velocidad.
- Métricas *más bajo es mejor (LG-Lower is better):* al contrario que la medida anterior, cuanto menor valor ofrezca la medición, mejor para el sistema. Por ejemplo, el número de fallos en un período determinado.
- Métricas *nominal es mejor (NB-Nominal is best):* métricas en las que mejor es el sistema cuando su medición no es ni alta ni baja. Por ejemplo, la utilización de un recurso: si se obtienen valores altos significa que puede haber saturación y que los tiempos de respuesta también serán altos. Sin embargo, si se obtienen valores bajos, es señal de su infrautilización.

Actividades

4. Describa las diferencias fundamentales entre los conceptos de "responsividad", "productividad" y "utilización".

Aplicación práctica

Teniendo en cuenta que desea evaluar el tiempo que tarda un componente en procesar la información, ¿qué tipo de métrica utilizaría?

SOLUCIÓN

Teniendo en cuenta que el objetivo es que el componente tarde lo menos posible en procesar la información recibida el tipo de métrica que hay que utilizar es de *"más bajo es mejor-lower is better/LB"* ya que a menor tiempo de procesamiento, más calidad del elemento evaluado.

Técnicas de evaluación

La evaluación de un sistema de información no sigue una técnica predefinida, sino que existen varias de ellas que permiten adaptarse a las características y a los componentes que se pretenden evaluar.

Principalmente se distinguen tres técnicas habituales de evaluación de sistemas:

- **Monitorización:** se utilizan herramientas de medición para obtener medidas reales de un sistema en funcionamiento. Las cargas de trabajo son reales.
- **Modelado:** se utiliza cuando hay elementos del sistema que no están instalados o no están accesibles. Se diferencian dos tipos de técnicas de modelado:

  - ▌Técnicas analíticas: en las que se utilizan modelos matemáticos para definir el sistema.
  - ▌Simulación: en las que se utilizan herramientas que representan ciertas características del sistema.

- ***Benchmark:*** para la medición se utilizan cargas estándar utilizadas habitualmente para la comparación de sistemas.

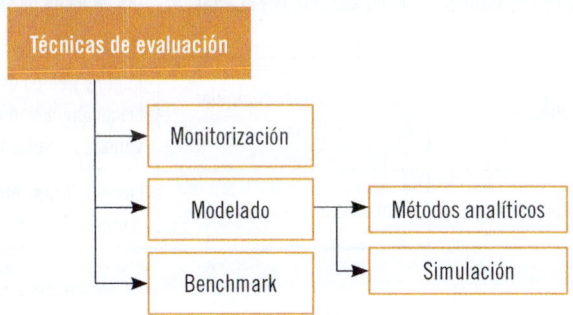

¿Qué técnica de evaluación utilizar?

La elección depende de las características que se quieren evaluar y del coste y tiempo que se está dispuesto a asumir:

■ Los métodos analíticos se utilizan sobre todo cuando se quieren modelar comportamientos poco habituales. La ventaja es la rapidez de su utilización.

■ Los modelos de simulación sirven para modelar la gran mayoría de aspectos pero requieren un tiempo y coste bastante elevados.

■ Las técnicas de *benchmark* suelen ser las más sencillas y habituales por la utilización de cargas estándar. Eso sí, hay que tener en cuenta que no representan cargas reales.

En la siguiente tabla se describen las ventajas e inconvenientes de las distintas técnicas de evaluación:

TÉCNICAS DE EVALUACIÓN		
Técnica	**Ventajas**	**Desventajas**
Monitorización	Los resultados son exactos y representativos.	Solo se puede utilizar cuando el sistema está accesible.
Técnicas analíticas	Técnicas rápidas y exactas.	Resultados difíciles de validar y las técnicas no siempre pueden ser aplicadas.
Simulación	Permite modelar cualquier tipo de sistema.	Coste y tiempo de desarrollo y ejecución elevados. Difíciles de validar y resultados poco exactos.
Benchmarking	Técnicas rápidas y sencillas.	Los resultados obtenidos no son representativos.

En el caso de planificar ampliaciones la mejor opción es la utilización de mediciones por su grado de exactitud: si se mide lo correcto y se extrapolan las mediciones adecuadamente los resultados obtenidos suelen ser bastante exactos. Las técnicas de simulación también son exactas pero la tarea de diseñar modelos es ardua, costosa y no suele compensar respecto al ahorro obtenido con las mediciones.

La utilización de técnicas de *benchmark* simplifica y agiliza el proceso, pero al utilizar cargas estándar los resultados no son precisos.

 Actividades

5. Amplíe la información referente a las técnicas de benchmark y valore en qué ocasiones puede resultar interesante su utilización.
6. Busque herramientas comerciales que realicen las distintas técnicas de evaluación estudiadas.

 Aplicación práctica

Usted se encuentra planificando una posible ampliación del sistema de información de su oficina, pero no tiene claro la técnica de evaluación del sistema a utilizar. Teniendo en cuenta que no dispone de mucho tiempo para la evaluación y que pretende utilizar datos exactos, ¿qué técnica utilizaría? ¿Podría emplearse la técnica de *benchmarking?* ¿Por qué?

SOLUCIÓN

La técnica de evaluación más indicada, si no se dispone de tiempo y se pueden utilizar datos exactos, es la utilización de técnicas analíticas. Son técnicas rápidas y exactas aunque los resultados que ofrecen son difíciles de validar.

Si lo que se pretende es la obtención de resultados en poco tiempo, la técnica de benchmarking también resulta útil ya que una de sus ventajas es la rapidez de ejecución. Sin embargo, esta técnica no ofrece resultados exactos, sino que los resultados obtenidos no son representativos y no muestran una imagen real del sistema. Por ello, sigue siendo más útil utilizar técnicas analíticas.

Caracterización de la carga de trabajo

Para determinar una futura carga de trabajo de un sistema y su rendimiento ante esta carga es necesario conocer cómo ha reaccionado cuando ha sido sometido a una carga real.

Si no se somete a esta carga real será necesario realizar estimaciones o recurrir a datos históricos de sistemas con características similares.

La carga a utilizar en las pruebas de evaluación (cargas de prueba) puede ser real o sintética, aunque suele utilizarse la sintética para poder reproducir situaciones futuras que evalúen el sistema para los objetivos definidos en la evaluación.

 Nota

Si la carga de prueba es sintética debe representar a la carga real para mantener la validez de los resultados y conseguir una representación correcta de las características del sistema ante la evaluación.

Si se utiliza una carga sintética será necesario justificar su representatividad de la carga real. Para ello deberán medirse unas magnitudes de la carga real para que puedan ser comparadas con las obtenidas con carga sintética:

- Tiempo de utilización de la CPU por unidad de trabajo.
- Cantidad de operaciones de E/S por unidad de trabajo.
- Orden de prioridad de los componentes de la carga.
- Espacio de memoria requerido.
- Ficheros en disco.
- Número de usuarios.
- Tiempo de CPU entre operaciones de E/S.

2.3. Extrapolar las mediciones de la plataforma en producción

Hay dos variantes para diseñar la carga de trabajo para evaluar un sistema de información:

- **Diseño realista:** utiliza cargas de trabajo reales para determinar con mayor exactitud la posible respuesta del sistema.
- **Diseño sintético:** utiliza cargas de trabajo estimadas en situaciones por ahora irreales pero orientadas a determinar comportamientos que pueden darse en un futuro, como la necesidad de una carga de trabajo mayor.

La extrapolación de las mediciones de la plataforma en producción para determinar la carga de prueba debe realizarse en un inicio, teniendo en cuenta el perfil de los usuarios cuya actividad se pretende reproducir.

Las variables o factores que definen el perfil de los usuarios suelen resumirse en las siguientes:

- Actividad que realiza el usuario en el sistema.
- Tiempo entre las actuaciones del usuario en el sistema: si un usuario trabaja constantemente con el sistema requerirá una carga mayor que un usuario que lo utiliza esporádicamente.
- Sincronización de la actuación de usuarios virtuales en un momento determinado.
- Cadencias de conexión: la forma en la que los usuarios acceden al sistema es un factor fundamental para la determinación de su carga. No es lo mismo veinte usuarios que se conectan a la vez que veinte usuarios que se conectan en momentos distintos del día.

- Patrones de utilización del sistema: distribución horaria de su utilización por parte de los usuarios.
- Plataformas y sistemas operativos ejecutados.
- Configuración de los equipos: la configuración de los equipos y dispositivos del sistema influye indudablemente en su rendimiento y su tráfico de datos. Dos usuarios que utilicen el equipo con las mismas características, sistemas operativos y aplicaciones instaladas no tienen por qué tener el mismo rendimiento en el sistema.
- Direcciones IP en sistemas de información formado por equipos de red (estaciones cliente/servidor). Es necesario conocer qué tráfico de datos soporta cada uno de los equipos del sistema, ya que no es lo mismo un sistema en el cual todo el tráfico es soportado por un servidor, que un sistema en el que se reparte el tráfico en todos los equipos.
- Velocidad de acceso y ancho de banda disponible en el sistema: el ancho de banda influye considerablemente en las prestaciones de los recursos de un sistema.
- Ubicación: en el caso de poder accederse al sistema de información desde varios puntos de una red interna los tiempos de respuesta serán distintos según la ubicación de estos puntos.
- Ruido de fondo: hay que recordar que el sistema no está completamente aislado, por lo que siempre deben tenerse en cuenta las posibles inferencias que pueden darse y el efecto que pueden tener sobre las mediciones y el consumo de recursos.

 Nota

Normalmente no se pueden tener en cuenta todos los factores para la determinación de la carga sintética: habrá que seleccionar cuáles son los que más afectan al sistema de información.

Actividades

7. Explique por qué influye en el rendimiento la ubicación de los equipos y dispositivos. Justifique su respuesta.

Aplicación práctica

En pleno proceso de evaluación del sistema informático de su organización se encuentra definiendo las cargas de trabajo a establecer para dicha evaluación.

Si tiene en cuenta que conoce bien el funcionamiento actual del sistema, pero necesita conocer su posible evolución en un futuro si se sigue con la tendencia de crecimiento de actividad actual, ¿cómo deberá ser el diseño de las cargas de trabajo? Justifique su respuesta.

SOLUCIÓN

El diseño de las cargas de trabajo puede ser un diseño real o un diseño sintético.

El diseño real se utiliza para conocer la respuesta del sistema actual ante unas cargas de trabajo determinadas. Si se tiene en cuenta que ya se conoce bien el funcionamiento actual del sistema, esta opción de diseño no sirve para el fin deseado.

Sin embargo, el diseño sintético, aunque muestra resultados irreales, ofrece aproximaciones sobre el comportamiento futuro del sistema de información. Por ello, si el motivo principal de la evaluación del sistema es conocer su comportamiento futuro ante un crecimiento de la actividad, lo más adecuado es la utilización de un diseño sintético de las cargas de trabajo.

2.4. Simular con modelos matemáticos las nuevas cargas previstas

La extrapolación es una técnica muy utilizada para simular la carga de prueba (en este caso las cargas que se producirán previsiblemente en un futuro). Es el método más habitual de pronóstico de comportamientos.

Esta técnica se basa en la aplicación de modelos matemáticos para la simulación de las cargas previstas. Para poder aplicarlos es necesario conocer el comportamiento reciente del componente o dispositivo a evaluar con las mediciones comentadas en epígrafes anteriores.

Como mínimo, es necesaria la obtención de dos observaciones tomadas en momentos distintos y conocidos.

Aunque la base fundamental es similar, hay que distinguir dos tipos de extrapolación:

- Extrapolación lineal.
- Extrapolación logarítmica.

Extrapolación lineal

El modelo de extrapolación lineal se puede utilizar perfectamente con solo dos observaciones y supone que los acontecimientos seguirán en la misma dirección y con velocidad constante.

Este modelo se basa en una ecuación lineal que se expresa de la forma:

$$Y = mx + n$$

Donde:

- Y es una de las variables que se pretenden predecir.
- x es otra de las variables que se pretenden predecir.

- m es la pendiente de la ecuación, la tasa de variación de Y respecto a x.
- n es una constante de la ecuación (para calcular la extrapolación lineal n = 0).

El cálculo se realizará por la fórmula siguiente:

$$f(x) = y_0 + \frac{y_1 - y_0}{x_1 - x_0}(x - x_0)$$

Donde:

- Y_1 - Y_0 es la variación de la variable Y (por ejemplo, productividad).
- x_1 - x_0 es la variación de la variable x (la diferencia de tiempo entre las mediciones).
- Normalmente $x_0 = 0$, ya que determina el momento inicial de la medición.

El gráfico resultante sería el siguiente:

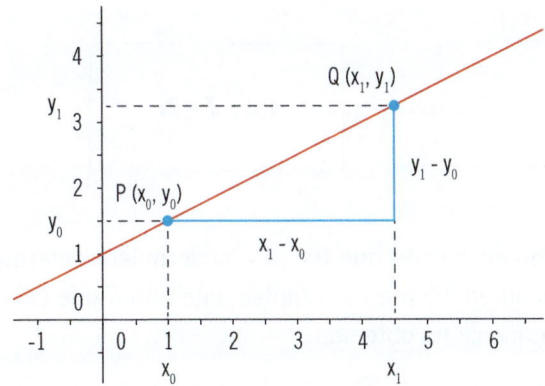

De este modo, aislando x de la fórmula se obtiene la pendiente m (productividad en el ejemplo) de la ecuación.

Ejemplo

Teniendo como observaciones los siguientes pares (unidad temporal, productividad) de una CPU:

- (0,7): unidad temporal = 0, productividad = 7.
- (4,15): unidad temporal = 4 (por ejemplo, 4 meses después), productividad = 15.

La fórmula se calcularía:

$$f(x) = 7 + \frac{15 - 7}{4 - 0}(x - 0)$$

$$f(x) = 7 + \frac{8}{4}x$$

$$f(x) = 7 + 2x$$

Teniendo en cuenta que f(x) = y, si se quiere determinar cuál será la productividad en 10 meses, simplemente habrá que calcularlo utilizando la fórmula que se ha obtenido:

$$Y = 7 + 2 * (10)$$

$$Y = 7 + 20$$

$$Y = 27$$

La productividad estimada para dentro de 10 meses, si el crecimiento sigue un ritmo constante, será de 27 trabajos/unidad de tiempo.

Extrapolación logarítmica

La extrapolación logarítmica, sin embargo, se basa en una velocidad creciente o decreciente a un ritmo constante. Se utiliza cuando se tienen más de dos observaciones y cuando se cree que las últimas observaciones tienen mejor capacidad predictiva que las anteriores.

Para el cálculo de la función y la estimación de la carga, al haber bastantes observaciones, será necesario hacer los cálculos con aplicaciones que efectúen análisis de regresión (un proceso estadístico utilizado para estimar las relaciones entre variables).

Sea cual sea el tipo de extrapolación, esta se puede resumir en la utilización de modelos matemáticos para estimar una actividad futura a partir de observaciones históricas que determinen el comportamiento habitual del elemento a investigar:

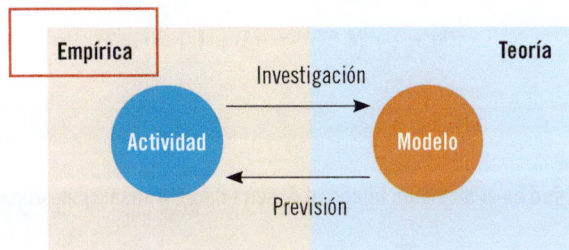

Actividades

8. Señale qué tipo de extrapolación considera más adecuada para la medición del rendimiento del sistema. ¿Por qué?

Aplicación práctica

Si las mediciones le dan dos pares de observaciones (0,6) y (1,10), siendo x el espacio temporal e y el nivel de productividad, indique qué productividad se daría cuando el espacio temporal (x) sea 5 utilizando la extrapolación lineal.

SOLUCIÓN

Para el cálculo se utilizaría la fórmula de extrapolación siendo:

$$f(x) = 1 + [(10 - 6) / (1\text{-}0)] * (x\text{-}0)$$

$$f(x) = 1 + (4 / 1) * x$$

$$f(x) = 1 + 4x.$$

$$Si \ x = 5$$

$$f(5) = 1 + (4 * 5) \to f(5) = 1 + 20 = 21.$$

La productividad en el momento temporal 5, sería de 21 transacciones/unidad de tiempo.

2.5. Evaluar si las nuevas cargas previstas son asumibles en la plataforma actual

Para evaluar si las nuevas cargas previstas son asumibles en la plataforma actual habrá que probarlas con las técnicas de evaluación del sistema comentadas en epígrafes anteriores (medición, simulación, etc.).

Hay que tener en cuenta que son cargas sintéticas, irreales, por lo que en un inicio pueden darse varias circunstancias de servicio:

- La petición se ha realizado correctamente.
- La petición no se ha realizado correctamente.
- La petición no se ha realizado.

Si el sistema devuelve que la petición no se ha realizado correctamente o no se ha realizado, significa que la característica evaluada no es capaz de ofrecer la ampliación de carga prevista y que será necesario cambiar o ampliar el elemento de *hardware* analizado.

Si, por el contrario, el sistema indica que la petición se ha realizado correctamente, habrá que analizar los resultados que ofrezca el test de evaluación para determinar si soporta bien la carga o si hay que cambiar algún componente.

Evaluación de las cargas previstas

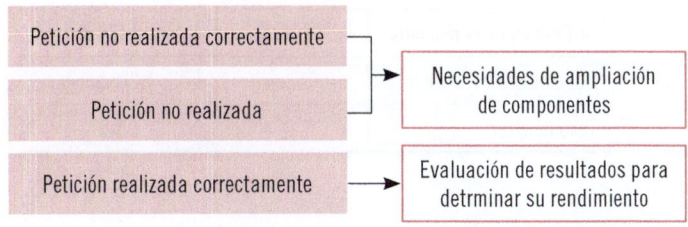

Los baremos de rendimiento variarán según el elemento de *hardware* evaluado, así que deberá estudiarse el comportamiento habitual de cada uno de ellos para determinar si los resultados obtenidos por la herramienta de evaluación son desorbitados e inasequibles.

No obstante, son indicios de sobrecarga de utilización del sistema los siguientes aspectos:

- Utilización de la CPU: se considera aceptable que la tasa de utilización de la CPU esté por debajo del 70 % de modo que, si la herramienta de evaluación ofrece valores superiores al 90 %, indica que el sistema está sobrecargado y requiere ampliación.
- Utilización de la memoria: en el caso de la memoria se considera que hay sobrecarga cuando su utilización es superior al 150 % de la memoria física. Se consideran aceptables valores inferiores al 125 %.
- Capacidad de reacción o *responsiveness:* la capacidad de reacción indica el tiempo que tarda el sistema en resolver un evento. Si se obtienen valores de capacidad de reacción superiores a los 1,2 segundos denota lentitud en el sistema y sobrecarga del mismo.
- Tasa de errores: se considera que el sistema necesita cambios si, cuando se realizan las pruebas, este devuelve un porcentaje de errores superior al 1 % del total de transacciones ejecutadas en dichas pruebas.

De este modo:

RESULTADO DE LAS PRUEBAS DE EVALUACIÓN

Tasa	Nivel aceptable	Nivel no aceptable
Utilización de la CPU	70 %	>90 %
Utilización de la memoria	125 %	>150 %
Capacidad de reacción	-	>1,2 segundos
Tasa de error	-	1 %

Aplicación práctica

Realizando las pruebas de evaluación, la herramienta le indica que para una carga estimada en un futuro la tasa de utilización de la CPU es del 75 %. ¿Qué significa dicha tasa? ¿Aconsejaría ampliar?

SOLUCIÓN

La tasa de utilización de la CPU mide el tiempo que tarda el componente en ejecutar una petición de servicio.

Teniendo en cuenta que la tasa ofrecida por la herramienta es del 75 %, superior a la tasa recomendada pero inferior a la tasa de sobrecarga, el sistema podría seguir utilizando la misma CPU con la carga prevista.

No obstante, si la carga estimada sigue creciendo en un futuro próximo es muy posible que la CPU actual no sea capaz de soportarla y sea necesaria una ampliación.

Aplicación práctica

Durante la evaluación de la CPU del sistema informático utiliza unas cargas de trabajo para conocer si la CPU será capaz de soportarlas en un futuro próximo. Sin embargo, en la evaluación se le ha devuelto un mensaje en el que se indica que no se ha realizado correctamente la petición y no ha podido ofrecerle ninguna medición del rendimiento. ¿Servirá la CPU con las cargas de trabajo previstas? ¿Por qué no se ha obtenido ninguna medición?

SOLUCIÓN

Si las cargas de trabajo utilizadas provocan que el test de evaluación emita un mensaje indicando que no se ha podido realizar correctamente la operación, significa que la CPU no ha sido capaz de soportar dichas cargas. Si no soporta las cargas de trabajo previstas, lo más recomendable es cambiar el componente ya que no será capaz de asumir la actividad futura.

Continúa en página siguiente >>

<< Viene de página anterior

Al no realizarse correctamente la petición, no se pueden obtener mediciones en el test de evaluación ya que la CPU es incapaz de funcionar con dichas cargas. De todos modos se sobreentiende que el resultado obtenido estaría muy por encima de los niveles no aceptables, no siendo adecuada la utilización de dicha CPU para las cargas de trabajo futuras.

3. Analizar el mercado en busca de las soluciones *hardware* que ofrece

Ante la necesidad de ampliar algún componente *hardware* del sistema de información es necesario empezar un proceso de compra.

Para saber qué y a quién comprar es necesario realizar un análisis del mercado en búsqueda de las soluciones que ofrece y si estas son acordes con las necesidades que se pretenden cubrir con la adquisición.

Se define el proceso de compras como aquel proceso en el que una organización contrata a un tercero para obtener productos y/o servicios y cumplir con sus objetivos de negocio, todo ello cumpliéndose con las mejores condiciones de pago, calidad, soporte y tiempo de entrega.

Para que el proceso de compra de un componente *hardware* se lleve a cabo correctamente es indispensable una adecuada elección del proveedor que se fundamentará en una serie de procesos:

Proceso de selección y compra de materiales
1. Conocimiento del catálogo de productos
2. Selección del producto más adecuado
3. Identificación de los tipos de *hardware* actuales
4. Conocimiento de los precios del mercado
5. Elección del producto con análisis calidad/precio

3.1. Conocer el catálogo de productos de los principales fabricantes

Para conocer el catálogo de productos de los principales fabricantes hay que definir inicialmente cuáles son los proveedores que pueden ofrecer lo que la organización está buscando.

Según la norma ISO: 9001:2015 de sistemas de gestión de la calidad, se indica en su punto 8.4.1 lo siguiente:

La organización debe determinar y aplicar criterios para la evaluación, la selección, el seguimiento del desempeño y la reevaluación de los proveedores externos basándose en la capacidad para proporcionar procesos o productos y servicios de acuerdo con los requisitos. La organización debe conservar la información documentada de estas actividades y de cualquier acción necesaria que surja de las evaluaciones.

Así, atendiendo a esta ISO, para la selección de un proveedor no solo debe tenerse en cuenta el precio de sus productos, sino que hay que evaluar una serie de criterios que, en su conjunto puedan favorecer a la organización y a compras futuras. Por tanto, el proveedor se elegirá con la intención de establecer relaciones a largo plazo que permitan ventajas competitivas frente a otros proveedores.

Objetivos de la evaluación de proveedores

El proceso de evaluación de los proveedores disponibles en el mercado se realiza como apoyo fundamental en la toma de decisiones sobre qué proveedor seleccionar para cada compra determinada.

De este modo, se establece como objetivo general el conocimiento de los distintos productos disponibles en el mercado y que cumplan con los fines de la organización.

Como objetivos específicos se destacan los siguientes:

- Identificación de la ubicación geográfica del proveedor.
- Identificación de los productos que ofrecen.
- Identificación de los proveedores del producto que se está buscando.
- Identificación de los precios y la disponibilidad del producto.
- Determinación de las condiciones de compra y financiación.
- Identificación de la seguridad en la entrega del producto.
- Determinación de los medios de distribución utilizados para la entrega.
- Identificación del tipo de clientes que abastece el proveedor.
- Determinación de las proyecciones del proveedor en el mercado.

 Nota

La elección de un proveedor por impulso no suele ser la mejor elección en la compra de un producto. Siempre es necesario una evaluación previa que justifique las decisiones de compra (sea por precio, condiciones, calidad, etc.).

Actividades

8. Indique en qué medida puede influir la ubicación del proveedor para la decisión de adquisición de un componente concreto. ¿Por qué?

Criterios para la selección de proveedores

Como se ha descrito anteriormente, la selección de un proveedor no debe depender exclusivamente de sus precios, sino que hay que valorar otros factores.

Los criterios para la selección de proveedores se establecen entre:

Los criterios de selección estratégicos, técnicos y comerciales se mencionan en la tabla siguiente:

CRITERIOS DE SELECCIÓN		
Estratégicos	**Técnicos**	**Comerciales**
Ubicación	Respuesta ante incumplimientos	Precio

Continúa en página siguiente >>

<< Viene de página anterior

CRITERIOS DE SELECCIÓN		
Estratégicos	**Técnicos**	**Comerciales**
Experiencia	Infraestructura	Servicio de atención al cliente
Disponibilidad	Capacitación del personal	Condiciones de compra
Sistema de gestión de calidad	Servicio técnico	
Imagen		
Cumplimiento		

Conocimiento del catálogo de productos de los proveedores y fabricantes

Una vez definidos los criterios de selección, lo siguiente será el contacto con los proveedores y los fabricantes para poder solicitar más información sobre lo que la organización está buscando y sobre su catálogo general de productos.

Este contacto puede realizarse a través de varias fuentes:

- Asistiendo a ferias comerciales.
- Por directorios de proveedores de componentes *hardware.*
- A través de representantes de ventas (comerciales).
- Por búsqueda directa.
- Por revistas, directorios y publicaciones especializadas.
- A través de asociaciones del gremio.
- Por búsqueda a través de internet y otros sistemas de información.
- Con la información de contacto de los catálogos recibidos.

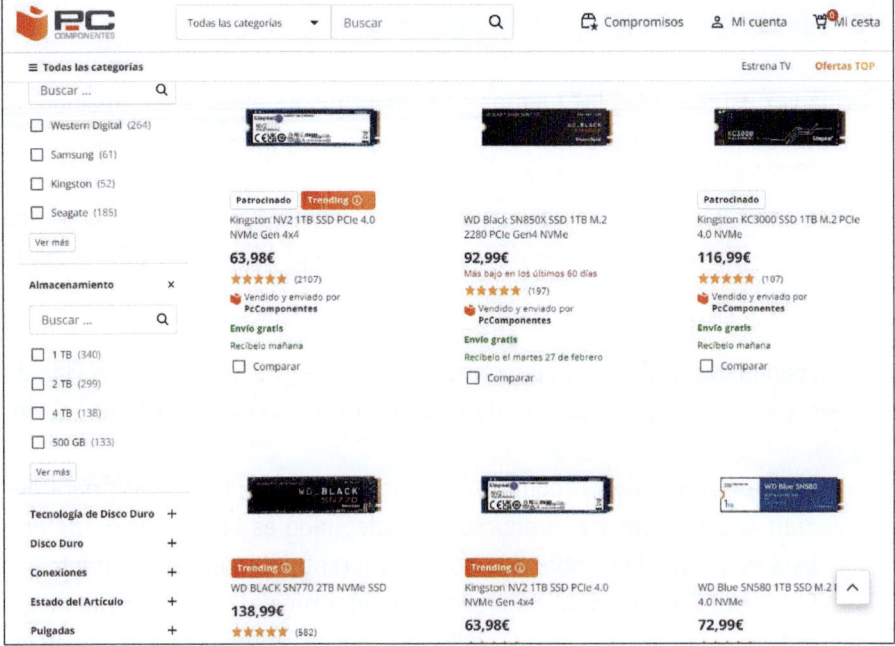

Tienda online

El contacto inicial con los proveedores servirá para solicitar catálogos de información, características y precios que permitan su evaluación y justifiquen su posible elección.

 Nota

La información obtenida de los proveedores y su catálogo de productos debe ser lo más homogénea posible para que la comparación de los distintos proveedores y sus productos sea válida y fiable.

3.2. Seleccionar el producto más adecuado

Una vez establecidas las fuentes de contacto y obtenida la información de los proveedores se procede a la etapa de análisis de proveedores.

Este análisis consiste en valorar las característicads principales y aspectos de los productos que ofrece la empresa en comparación a lo que está buscando la organización.

Así, con la evaluación de la información inicial se puede generar una lista de proveedores que cumplan con los criterios básicos definidos por la organización:

- **Lista de proveedores:** como se ha comentado, el primer paso para decidir el proveedor y el producto más adecuado es la generación de una lista de proveedores obtenida por las diferentes fuentes de contacto.
  Debe realizarse un análisis previo que determine el cumplimiento de los criterios básicos de elección definidos por la empresa como, por ejemplo, la disponibilidad del producto en el almacén o tienda.
- **Proveedores potenciales:** cuando ya se ha decidido qué proveedores cumplen los criterios básicos, debe definirse una serie de criterios que determinarán la aceptabilidad del proveedor para la organización.
  Con los criterios definidos se produce un nuevo contacto con los proveedores para pedir información sobre los productos y características concretas que se van a evaluar.
  Con el análisis de esta información se descartarán todos los proveedores que no cumplan con los criterios predefinidos.
  Por ejemplo, si se está buscando un proveedor que permita el pago del producto a 60 días como mínimo, todos los proveedores que exijan el pago en plazos inferiores deberán descartarse.
- **Proveedores precalificados:** con la lista de proveedores potenciales más definida y reducida se puede proceder a la solicitud de información específica de los criterios y valores más importantes para la elección del producto y del proveedor.
  También se pueden programar visitas y reuniones para que la información obtenida sea más personalizada y puedan resolver todas las dudas que puedan surgir sobre la marcha.

Es posible que en una entrevista con un comercial este mencione aspectos importantes a tener en cuenta en el producto que se busca y que hayan sido pasados por alto por cualquier motivo.

Actividades

10. Recopile información sobre los proveedores de impresoras láser de su zona utilizando fuentes de internet.

Selección del producto y del fabricante más adecuado

Con el número de proveedores ya reducido y conocidas todas las posibilidades y productos que ofrecen cada uno de ellos, ya se puede tomar la decisión sobre cuál es el producto más adecuado para la organización según las características de ampliación *hardware* que se están buscando.

Por ejemplo, si se busca un disco duro de alta capacidad, con el análisis de proveedores y la solicitud de información sobre estos se puede conocer cuál es la variedad de discos duros existente en el mercado en estos momentos y cuál es el que se va a adaptar más a los objetivos que pretende cumplir la organización. Si la organización necesita una capacidad de almacenamiento de 50 TB y en el mercado actual hay discos duros con mayor capacidad, puede valorarse la posibilidad de adquirir uno con más capacidad para alargar su duración si se produce un mayor crecimiento de la empresa.

Además, hay que tener en cuenta que son varios los proveedores que ofrecen productos similares o con las mismas características. Por ello deberá recolectarse toda la información de los fabricantes (del mismo modo que con los proveedores) del componente *hardware* que se está buscando y elegir según los criterios establecidos más convenientes para los objetivos de la organización.

3.3. Identificar correctamente los distintos tipos de *hardware*

Para saber cuál es el componente que origina o puede originar problemas en un futuro es necesario saber identificar correctamente los distintos tipos de *hardware* disponibles en el mercado.

Los principales tipos de *hardware* se clasifican en tres tipos distintos:

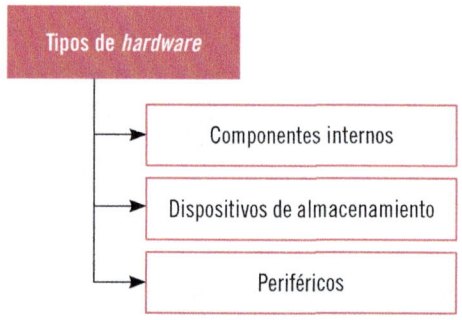

Componentes internos

Los componentes *hardware* internos son aquellos que se encuentran dentro de la carcasa del ordenador. Se pueden destacar los siguientes:

- Conectores.
- Caja del ordenador.
- Placa base.
- *Chipset.*
- Memoria RAM.
- Tarjeta gráfica.

- Buses.
- Microprocesador.
- Tarjetas de expansión.

Conectores

Los conectores son los componentes que permiten la conexión entre varios dispositivos *hardware* de un sistema de información.

Se distingue entre:

- **Conectores eléctricos:** se trata de conectores de alimentación eléctrica que están conectados directamente a la fuente de alimentación del ordenador. Solo transmiten electricidad, no información.
- **Conectores informáticos o puertos:** al contrario que los conectores eléctricos, los conectores informáticos transmiten la información entre los dispositivos y el ordenador. Comunican al equipo con sus periféricos externos y se localizan en la parte trasera de la caja del ordenador.

Conectores informáticos externos

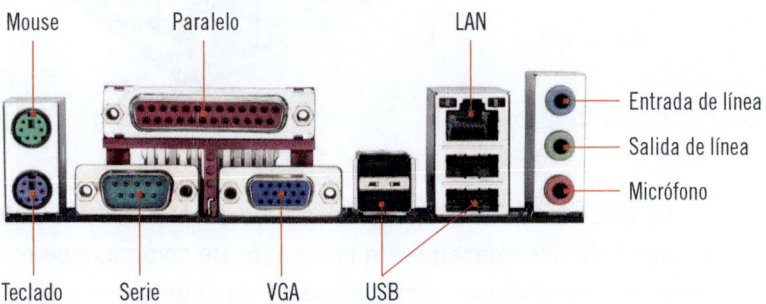

Carcasa o caja del ordenador

La caja del ordenador es el armazón que contiene todos sus componentes internos y su función principal es proteger al equipo de factores ambientales. Su tamaño es variable y la elección dependerá del espacio disponible en la oficina y de los componentes que se van a incluir en el equipo.

Placa base

La placa base o tarjeta madre es el componente principal de un PC y es una placa con una serie de circuitos integrados que conectan los distintos componentes del equipo.

Placa base

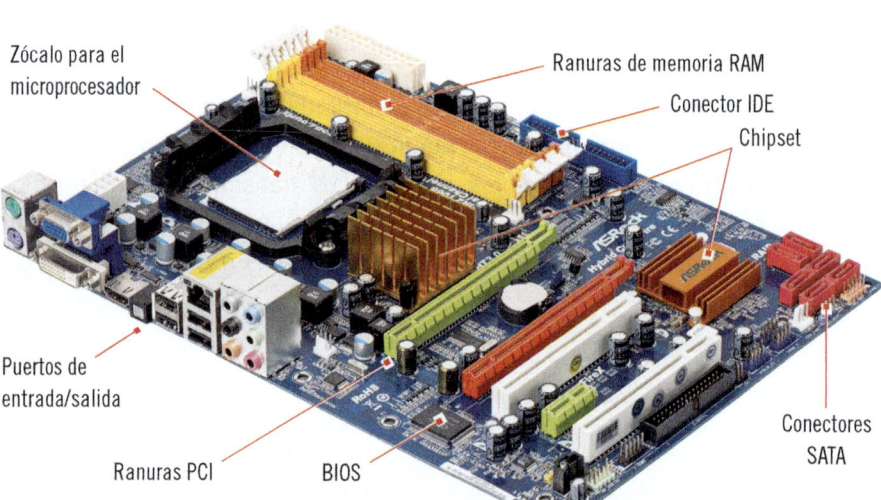

Zócalo para el microprocesador

Ranuras de memoria RAM

Conector IDE

Chipset

Puertos de entrada/salida

Ranuras PCI

BIOS

Conectores SATA

© Fotografía: Evan-Amos, vía web-CC BY-SA 3.0

La elección de la placa base es fundamental, ya que determinará el rendimiento del ordenador. En la elección de compra debe encontrarse el equilibrio prestaciones técnicas/precio que cumpla con las expectativas de ampliación de la organización.

Por una parte, si se elige una placa base barata pero con pocas prestaciones, no será útil y se deberá cambiar en un breve periodo de tiempo. Sin embargo, por otra parte, si se elige una placa base con demasiadas prestaciones se estará sopesando un coste excesivo con prestaciones que no se utilizarán en toda su vida útil.

Chipset

El *chipset* forma parte de la placa base y hace posible su funcionamiento. Su funcionamiento consiste en la gestión de la información de entrada y salida del procesador entre otros componentes.

Memoria RAM

La memoria de acceso aleatorio o memoria RAM *(Random Access Memory)* tiene como función almacenar los datos temporalmente mientras se ejecuta un programa. Es una memoria volátil de lectura y escritura.

Las memorias RAM más actuales son las memorias DDR3, que permiten altos niveles de rendimiento en bajos niveles de voltaje, lo que implica también una considerable reducción del consumo.

Tarjeta gráfica

Una tarjeta gráfica (llamada también tarjeta de vídeo o placa de vídeo) es una tarjeta que procesa los datos que envía la CPU y los transforma para que puedan ser visualizados a través del monitor.

Tarjeta gráfica Nvidia

Buses

Los *buses* son una serie de cables o pistas en un circuito impreso cuya función principal es transferir datos entre los componentes de un equipo o entre varios equipos a través de un sistema digital.

Hay dos tipos de *buses*:

- **Bus paralelo:** donde los datos se envían por bytes de forma simultánea.
- **Bus serie:** donde los datos se envían bit a bit y se reconstruyen posteriormente. Son frecuentemente utilizados para discos duros.

Microprocesador

El microprocesador o procesador es el circuito que forma la unidad central de procesamiento de un ordenador. Su función es la ejecución de los programas desde el sistema operativo hasta las aplicaciones.

Los microprocesadores se evalúan atendiendo a su rendimiento, aunque es de difícil medición por la variabilidad de la carga de trabajo.

Microprocesador Intel Core i9-13900K (© Fotografía: Victor Maschek / Shutterstock.com)

Tarjetas de expansión

Las tarjetas de expansión son dispositivos que permiten expandir las capacidades de los distintos componentes de un ordenador cuando se insertan en sus ranuras de expansión.

Son muy útiles cuando se plantea la ampliación del sistema de información, ya que permiten la expansión de elementos como:

▪ Memoria.
▪ Controladoras de unidad de disco.
▪ Controladoras de vídeo.
▪ *Buses*.

La tarjeta más común en el mercado es la PCI Express (PCIe), un estándar de interfaz de bus utilizado para conectar varios tipos de expansión a la placa base de un ordenador. Se diseñó para reemplazar los estándares de bus PCI y AGP, debido a sus limitaciones de velocidad y capacidad de escalabilidad.

Tarjeta de red (© Fotografía: Jekader Vía Web - CC BY-SA 3.0)

Las principales tarjetas de expansión se destacan en la tabla siguiente:

Tarjetas de expansión
Tarjeta de red Ethernet
Tarjeta gráfica (GPU)
Tarjeta de sonido

Continúa en página siguiente >>

<< Viene de página anterior

Tarjetas de expansión
Tarjeta de captura de vídeo
Tarjeta de expansión USB
Tarjeta de expansión JATA
Tarjeta de expansión PCIe SSD
Tarjeta de expansión de puertos serie/paralelo
Tarjeta de TV

 **Actividades**

11. Busque información adicional sobre la variedad de tarjetas de expansión en el mercado actual y sus fabricantes principales.

Dispositivos de almacenamiento

Existen varios tipos de dispositivos de almacenamiento de la información:

- Dispositivos de almacenamiento magnético.
- Dispositivos de almacenamiento óptico.
- Dispositivos de almacenamiento electrónico.

Dispositivos de almacenamiento magnético

Estos dispositivos utilizan campos magnéticos para almacenar la información. Los principales dispositivos magnéticos de un equipo son el disco duro interno y el disco duro removible (disco duro que se conecta al equipo a través de un puerto USB).

Disco duro

Motor

Pista

Cabeza lectora

Dispositivos de almacenamiento óptico

Los dispositivos de almacenamiento óptico guardan los datos grabados a partir de un rayo láser. La información queda guardada en la superficie del dispositivo, por lo que se trata de elementos muy frágiles que pueden tener dañada la información por el calor o por cualquier ralladura.

Los principales dispositivos de almacenamiento óptico son los siguientes:

- CD: almacenan hasta 80 minutos de audio o 700 Mb de datos.
- DVD: tienen más capacidad de almacenamiento que los CD, 4,7 Gb por norma general y 8,5 Gb los DVD de doble capa.
- *Blu-Ray:* con capacidad de almacenamiento hasta 100 Gb pero sin utilización extendida.

Dispositivos de almacenamiento electrónico

Estos dispositivos almacenan la información por medios electrónicos. No son memorias volátiles, por lo que la información permanece aunque se produzcan cortes de suministro eléctrico.

Cabe destacar los siguientes:

▪ **Memoria USB:** son el sistema de almacenamiento más utilizado para transportar información. Actualmente se pueden encontrar memorias USB incluso de más de 1 Tb (en el caso de discos duros USB).

▪ **Tarjeta *Secure Digital:*** se trata de tarjetas de almacenamiento de datos frecuentemente utilizadas en dispositivos portátiles como teléfonos móviles, cámaras fotográficas digitales, etc.

▪ **Unidades de estado sólido (SSD):** las SSD utilizan memoria flash para almacenar datos de forma persistente. Son más rápidas y duraderas que los discos duros tradicionales, aunque suelen ser más caras por gigabyte. Las SSD son populares en portátiles y ordenadores de sobremesa para mejorar el rendimiento y la velocidad de arranque.

▪ **Memorias de almacenamiento en la nube:** los servicios de almacenamiento en la nube, como *Google Drive, Dropbox* y *iCloud,* permiten a los usuarios almacenar datos de forma remota en servidores en línea. Estos servicios ofrecen acceso a los datos desde cualquier dispositivo con conexión a internet y suelen ofrecer opciones de almacenamiento gratuito y de pago.

Memoria USB

Periféricos

Los componentes periféricos de un ordenador son todos los dispositivos auxiliares conectados a la CPU que conectan el equipo con el exterior. Se distinguen tres tipos de dispositivos periféricos:

Dispositivos periféricos de entrada

Son los dispositivos que permiten que el usuario introduzca información en la CPU. Son periféricos de entrada:

▪ Teclado.
▪ Ratón.
▪ Micrófono.
▪ Escáner.
▪ Cámara digital.

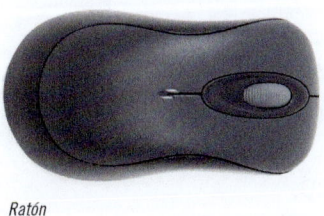

Ratón

Dispositivos periféricos de salida

Son aquellos que facilitan al usuario la información procesada por el ordenador. Los más comunes son los siguientes:

▪ Monitor.
▪ Impresora.
▪ Altavoces.

▪ Auriculares.
▪ *Plotter.*

Monitor

Dispositivos periférico de entrada y salida o mixtos

Son dispositivos que pueden tanto recibir como emitir información. Los más destacados son:

▪ *Módem.*
▪ *Router.*
▪ Pantalla táctil.
▪ *Hub* de puertos USB.
▪ Disco duro.
▪ Unidad de CD.
▪ Unidad de DVD.

Actividades

12. Identifique los principales dispositivos periféricos que tiene en su oficina o domicilio. ¿Cuál considera que es de más utilidad?

Aplicación práctica

Debido a la alta movilidad que tiene por su trabajo necesita un dispositivo de almacenamiento de pequeño tamaño que permita transportar con facilidad cantidades moderadas de información. ¿Qué dispositivo necesitaría? ¿Podría utilizar algún dispositivo de almacenamiento óptico? ¿Es la mejor opción?

SOLUCIÓN

Los dispositivos de almacenamiento óptico permiten almacenar información comprendida entre 700 Mb y 100 Gb y no son de gran tamaño, por lo que podrían utilizarse para transportar la información. Sin embargo, son dispositivos muy frágiles y con los viajes es muy probable que sufran algún daño y haya pérdidas de información.

En cambio, los dispositivos USB tienen la misma funcionalidad y no tienen la desventaja de la elevada fragilidad. Si además se tiene en cuenta que son dispositivos ligeros, de reducido tamaño y que pueden almacenar grandes cantidades de información, estos dispositivos serían los más adecuados para los fines descritos en el enunciado.

Hardware y cuellos de botella

Los cuellos de botella son las limitaciones de las prestaciones del sistema que pueden ser provocadas por varios motivos:

- Recursos insuficientes que requieren actualizarse o añadir componentes adicionales.
- Los recursos no comparten las cargas de trabajo uniformemente.
- Mal funcionamiento de algún recurso en concreto, por lo que conviene sustituirlo.
- La aplicación absorbe toda la capacidad de un recurso en particular.
- El recurso no está debidamente configurado y debe reconfigurarse.

Se detecta la producción de estos cuellos de botella porque se produce una ralentización importante del tráfico de datos de los procesos del sistema, generando pérdidas de rendimiento: se origina una sobrecarga o saturación del sistema.

En la tabla siguiente se encuentran los principales componentes *hardware* que pueden ocasionar cuellos de botella y que, por tanto, requieren una atención especial:

COMPONENTES *HARDWARE* SUSCEPTIBLES A CUELLOS DE BOTELLA
Memoria
Disco duro
Procesador
Red

Actividades

13. Explique por qué los elementos *hardware* descritos son los más propensos a ocasionar cuellos de botella. Justifique su respuesta.

3.4. Conocer las orientaciones de precios

Una vez claros el fabricante y el producto que se quiere adquirir, hay que hacer un barrido de los proveedores seleccionados para conocer los precios por los que se mueve el componente.

El precio no debe ser un elemento determinante, pero sí un factor imprescindible para la elección del proveedor.

De este modo, con la obtención de información sobre precios de un mismo componente para varios proveedores, se puede establecer un "intervalo de precios" adecuado.

En el caso de que alguno de los proveedores sobrepase ese intervalo deberá ser descartado, ya que la compra del producto a dichos proveedores supondría un sobrecoste innecesario.

Por ejemplo, teniendo la siguiente tabla de precios de una tarjeta de sonido concreta:

TABLA DE PRECIOS

Proveedor	Precio
Proveedor A	125,50 euros
Proveedor B	128,30 euros
Proveedor C	122,30 euros
Proveedor D	180,00 euros
Proveedor E	140,20 euros
Proveedor F	130,40 euros
Proveedor G	132,40 euros

Se puede observar que los precios de la tarjeta se mueven entre los 120-140 euros aproximadamente (media aritmética = 137,01 euros), por lo que habría que descartar el proveedor D ya que el precio que ofrece supera con creces el precio medio: 180 - 137,01 = 49,99 euros.

La decisión entre los demás proveedores dependerá de las características técnicas, de la calidad del producto y de los demás criterios de selección definidos por la organización.

 Nota

Los criterios de selección para un producto o proveedor no son siempre los mismos, varían según las características del producto a adquirir y del tipo de organización que planea hacer la adquisición.

Actividades

14. Piense si existe alguna ocasión en la que pueda elegirse al proveedor/fabricante que ofrezca un precio desorbitado. Justifique su respuesta.

3.5. Razonar la propuesta equilibrando el componente técnico y el económico

Una vez se tiene claro el producto a adquirir y se dispone de suficiente información para la determinación del fabricante y del proveedor, debe procederse a la evaluación de las alternativas y a la toma de la decisión final.

Esta dependerá de varios factores y criterios establecidos por la organización según sus preferencias de adquisición. Unos ejemplos de criterios pueden ser:

- Calidad del producto.
- Precio del producto en comparación con otros proveedores.
- Tiempo máximo de entrega del producto.
- Período de garantía.
- Ofrecimiento del catálogo de productos para futuras compras.
- Atención y servicio al cliente.
- Servicio técnico.
- Disponibilidad del producto que se desea adquirir.
- Actualización del *stock* según los nuevos productos que van saliendo al mercado.

Nota

Para descartar algunos proveedores o fabricantes puede establecerse una puntuación mínima a cumplir en el conjunto de criterios: esto facilita la tarea de decisión al quedar menos alternativas.

Para que todos estos ítems permitan la comparación de varios proveedores o fabricantes deberá establecerse una escala que pueda homogeneizar las opiniones de todos los ítems para cada uno de ellos.

Puede establecerse una escala de 1 a 5 siendo:

ESCALA DE VALORES

Puntuación	Valoración
5	Excelente
4	Adecuado
3	Suficiente
2	Insuficiente
1	Deficiente

Por ejemplo, si se tiene la siguiente tabla con puntuaciones para dos proveedores distintos:

CRITERIOS DE VALORACIÓN	PROVEEDOR A	PROVEEDOR B
Calidad del producto.	5	4
Precio del producto en comparación con otros proveedores.	5	4
Tiempo máximo de entrega del producto.	4	2
Período de garantía.	2	3
Ofrecimiento del catálogo de productos para futuras compras.	5	5
Atención y servicio al cliente.	3	2
Servicio técnico.	4	2
Disponibilidad del producto que se desea adquirir.	1	4
Actualización del *stock* según los nuevos productos que van saliendo al mercado.	3	5
PUNTUACIÓN TOTAL	32	31

Como se puede observar en la tabla, las distintas valoraciones otorgan una puntuación distinta a cada proveedor. Teniendo en cuenta que la puntuación del proveedor A es superior a la del proveedor B, la decisión de la organización deberá ser la de adquirir el componente *hardware* al primero.

No obstante, el proveedor B tiene una puntuación muy similar, por lo que se recomienda guardar la información referente a este por si se produce algún fallo en la adquisición del componente al proveedor A.

Actividades

15. Seleccione dos proveedores distintos para una tarjeta gráfica de su elección y decidir en cuál realizaría la adquisición utilizando la tabla de valoración de criterios.

4. Localizar a los prescriptores de mercado

Los prescriptores de mercado son aquellos que pueden influir positiva o negativamente en un producto por el elevado grado del conocimiento sobre dicho producto. Por ejemplo, profesores de pádel respecto al material que utilizan: tienen un elevado conocimiento de las características de cada producto y de las diferencias entre cada fabricante, pudiendo aconsejar a sus alumnos e influir en su compra.

Debido a su influencia y a su conocimiento sobre la evolución y últimas tendencias de los productos siempre es recomendable encontrar sus opiniones en el momento de tomar cualquier decisión de compra.

En general, los principales prescriptores de componentes TIC son los clientes y los usuarios finales de estos elementos (tanto particulares como empresas/organizaciones), ya que se trata de productos de consumo disponibles para numerosos hogares cuya opinión es necesaria para conocer con más precisión el correcto funcionamiento de cada componente.

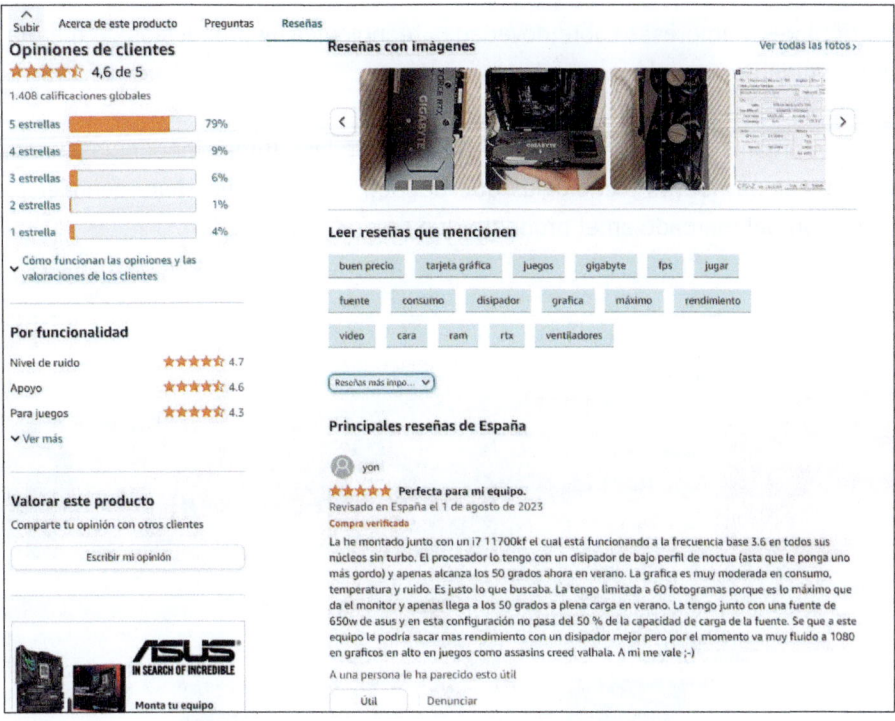

Opiniones de clientes de una tarjeta gráfica en Amazon

Nota

El conocimiento de la opinión de los prescriptores es útil como justificación de una elección de compra. Siempre es recomendable documentar todo lo posible la decisión tomada para disminuir la probabilidad de error.

Otro gran grupo de prescriptores son los profesionales informáticos y los departamentos de nuevas tecnologías e informática de las organizaciones, tanto públicas como privadas.

Se aconseja, además, consultar la página web de Incibe (Instituto Nacional de Ciberseguridad), una organización que elabora informes de apoyo a particulares y empresas sobre novedades tecnológicas y propuestas de mejora ante incidentes de ciberseguridad.

Este organismo facilita guías y estudios sobre las últimas tendencias y problemáticas en nuevas tecnologías que pueden resultar útiles para conocer la evolución del mercado en el producto que se pretende adquirir.

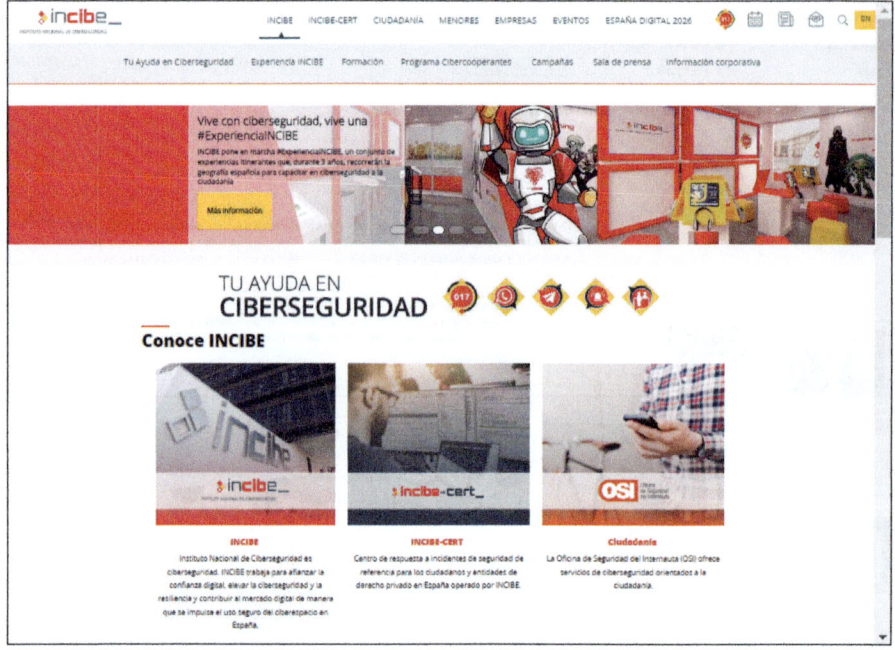

Sitio web de Incibe

 Actividades

16. Consulte en la web de su proveedor de preferencia las opiniones de los usuarios de la tarjeta gráfica que tiene en su ordenador habitual.

Tipos de informes de apoyo para la compra

Además de conocer las opiniones de los prescriptores de nuevas tecnologías, otra fuente de consulta que debe tenerse en cuenta son los informes.

Se destacan dos tipos de informes:

- Tanto los informes comparativos como los descriptivos deben servir de apoyo documental que fundamente las bases de la elección de compra tomada.
- La elección de un producto, fabricante y proveedor concretos seguramente sea más correcta si se obtienen apoyos en prescriptores que indiquen que los criterios utilizados para la elección son los correctos y que la compra a realizar es la adecuada.

 Actividades

17. Indique qué tipo de informe considera más útil. Explique por qué sirven de apoyo para la decisión de una adquisición.

4.1. Utilizar los informes comparativos como apoyo a la elección de *hardware*

Los informes comparativos son una tipología de informe cuyo objetivo principal es la comparación de varias características del producto que se pretende adquirir.

No solo sirve para adquisición de elementos *hardware,* sino que es una herramienta muy útil para cualquier tipo de adquisición: componentes informáticos, viviendas, mobiliario, etc.

Como ya se ha mencionado anteriormente, la utilización de estos informes debe servir como apoyo a la decisión de adquisición y mostrar una imagen resumida de las distintas alternativas de compra junto con sus principales características.

Las características que se comparan en el informe varían según los criterios de la organización y el elemento que se pretende comprar: por ejemplo, en la elección de un monitor destacará como característica su resolución, mientras que en la elección de un disco duro destacará su capacidad.

En la siguiente tabla se muestra un ejemplo de informe comparativo de un ordenador de sobremesa:

Característica	Equipo 1	Equipo 2	Equipo 3	Equipo 4
Marca				
Modelo				
Procesador				
Velocidad GHz				
Memoria RAM				
Memoria Caché				
Disco duro				
Tipo de monitor				
Unidad CD y DVD				
Controlador vídeo				
Teclado				
Ratón				
Tarjeta de red				
Ranuras de expansión				
Otras características				
Precio				
Garantía				

El informe comparativo puede ser elaborado por la misma organización conociendo las características básicas del *hardware* a adquirir, pero si se quiere facilitar la tarea, hay muchos proveedores que ofrecen informes comparativos con todas las características básicas del producto.

Por ejemplo, en la siguiente imagen se presenta parte de un informe comparativo de varios equipos portátiles desde una web de una tienda de electrónica:

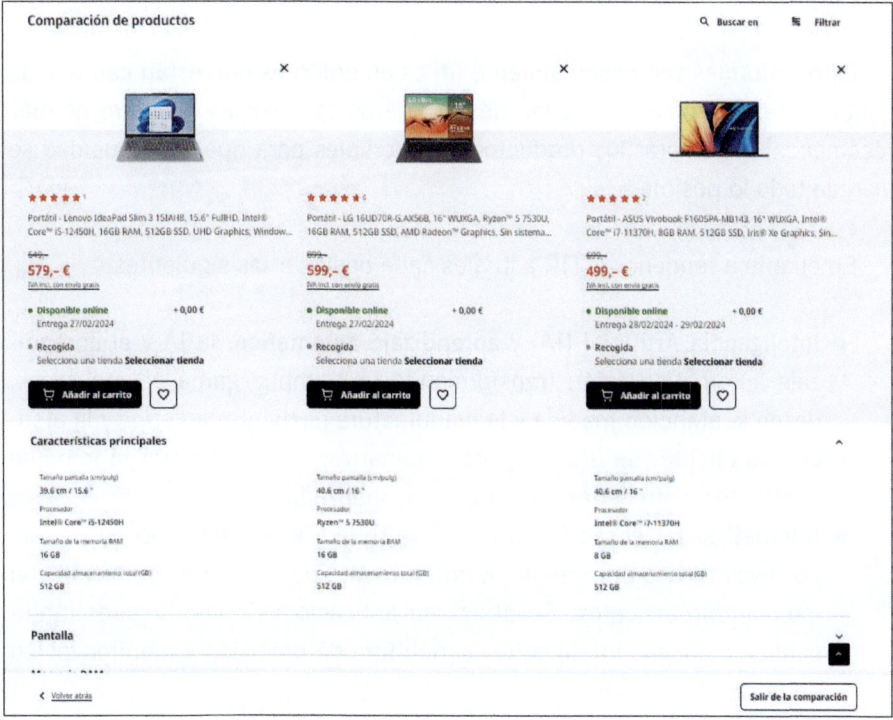

Ejemplo de informe comparativo

4.2. Utilizar los informes de tendencias como apoyo a la elección de *hardware*

Otro tipo de material de apoyo para la elección de componentes *hardware* en un proceso de compra son los informes de tendencia.

Estos informes describen con detenimiento cuáles son las últimas novedades y prestaciones sobre un producto determinado. Al igual que en los informes comparativos, los informes de tendencias no solo se utilizan para elementos informáticos, sino que se emplean para el análisis de productos de todo tipo.

Con la búsqueda de los informes de tendencias del dispositivo que se pretende adquirir se obtendrá información que indicará si la compra es adecuada o si, por el contrario, el producto se puede quedar obsoleto en un plazo breve de tiempo.

Estos informes son especialmente útiles en entornos que están cambiando continuamente, como es el caso de las nuevas tecnologías: siempre es más recomendable comprar los productos más actuales para que su caducidad se alargue todo lo posible.

En cuanto a tendencias TIC actuales cabe destacar las siguientes:

- **Inteligencia Artificial (IA) y aprendizaje automático:** la IA y el aprendizaje automático están transformando una amplia gama de industrias, desde la atención médica y la manufactura hasta el *marketing* y la atención al cliente. Se utilizan para automatizar tareas, mejorar la toma de decisiones y ofrecer experiencias personalizadas.
- **Internet de las cosas (IoT):** el IoT se refiere a la interconexión de dispositivos físicos a través de internet, lo que permite la recopilación y el intercambio de datos. Se utiliza en aplicaciones como hogares inteligentes, ciudades inteligentes, agricultura de precisión y monitorización de la salud.
- **Computación en la nube:** la computación en la nube sigue siendo una tendencia importante, permitiendo a las empresas almacenar, procesar y acceder a datos y aplicaciones a través de internet en lugar de en *hardware* local. Se están desarrollando nuevas tecnologías en la nube como la computación sin servidor y los servicios de contenedores.
- **5G:** la implementación de redes 5G está en marcha en muchos lugares del mundo, lo que proporcionará velocidades de conexión a internet mucho más rápidas y una menor latencia. Esto permitirá nuevas aplicaciones y servicios, como el Internet de las Cosas a gran escala, la realidad virtual y aumentada, y los vehículos autónomos.

- **Ciberseguridad:** con el aumento de las amenazas cibernéticas, la ciberseguridad sigue siendo una preocupación crítica para las empresas y los usuarios. Se están implementando nuevas tecnologías y enfoques como la inteligencia artificial y el análisis de comportamiento, para detectar y prevenir ataques cibernéticos.

- *Edge Computing:* implica procesar datos cerca de la fuente de generación en lugar de en centros de datos remotos. Esto reduce la latencia y el ancho de banda necesario, lo que lo hace ideal para aplicaciones que requieren tiempos de respuesta rápidos, como vehículos autónomos y sistemas de realidad virtual.

- *Blockchain* **y criptomonedas:** la tecnología *blockchain,* conocida por su uso en criptomonedas como *Bitcoin* y *Ethereum,* está siendo explorada para una variedad de aplicaciones más allá de las finanzas, como la gestión de la cadena de suministro, la votación electrónica y la propiedad de activos digitales.

 Actividades

18. Buscar información adicional sobre la evolución de la inteligencia artificial (IA) para un futuro próximo.

5. Ejecutar las ampliaciones garantizando la mayor disponibilidad del servicio

Una vez realizada la compra, el siguiente y último paso será la implantación de las ampliaciones definidas.

Estas ampliaciones deberán ejecutarse intentando garantizar la mayor disponibilidad del servicio y disminuir las interrupciones de servicio que minoren su calidad.

Las principales recomendaciones para garantizar la máxima disponibilidad de servicio en la ejecución de las ampliaciones se reflejan en la siguiente tabla:

RECOMENDACIONES PARA MANTENER LA DISPONIBILIDAD DEL SERVICIO EN LAS AMPLIACIONES *HARDWARE* PREVISTAS	
Copias de seguridad	Para evitar posibles pérdidas de información y reducir al mínimo el proceso de recuperación del sistema.
Análisis de patrones de usuario	Identificar las horas punta de utilización del sistema para ejecutar la ampliación en horarios de utilización mínima.
Previsiones de fallos	Deben prevenirse los posibles fallos e inconvenientes que se pueden producir para que la capacidad de reacción sea óptima y minimice el tiempo de resolución.
Disponibilidad de los productos	Aunque se espere recibir el *hardware* a implantar en breve, no se debe iniciar la ampliación hasta no tenerlo en la organización por si surge algún imprevisto que obligue a posponer su recepción.

Actividades

19. Explique por qué se recomienda ejecutar las ampliaciones en horas de bajo nivel de trabajo. ¿Qué podría ocasionar la ampliación en horas punta?
20. Señale qué fallos podrían producirse en la ampliación de memoria del disco duro de un equipo.

6. Resumen

Cuando una organización está estabilizada es el momento de empezar a plantearse la opción de crecer. Este crecimiento no solo es a nivel de ventas, sino que también implica una gestión de la ampliación de todos los recursos necesarios para dicho crecimiento, incluidos los sistemas informáticos.

El proceso de gestión del crecimiento del sistema debe comenzar con la planificación y el dimensionamiento de los posibles crecimientos a través de técnicas de medición del rendimiento actual que permitan estimar rendimientos futuros para prever qué recursos serán necesarios.

Cuando ya se tiene claro las características principales de los elementos *hardware* necesarias para la ampliación, deberá analizarse el mercado para conocer cuáles son los fabricantes y proveedores que suministran estos elementos y cuáles son sus condiciones de venta para elegir correctamente qué adquirir y a quién adquirir.

Una vez tomada la decisión de compra habrá que localizar a los prescriptores del mercado *hardware* a fin de conocer las últimas tendencias y reforzar la decisión con el apoyo de informes de tendencias y comparativos.

Ejercicios de repaso y autoevaluación

1. Rellene la siguiente tabla con las fases de evaluación de un sistema de información con su correspondiente orden:

FASES DE EVALUACIÓN DE UN SISTEMA DE INFORMACIÓN
1. Determinación de los objetivos.
2. Listado de los servicios del sistema y sus resultados.
3.
4. Selección de parámetros.
5.
6. Selección de las técnicas de evaluación.
7.
8. Diseño del desempeño.
9. Análisis de los datos obtenidos.
10.

2. Indique qué tipo de variable (interna, externa, no relacionada directamente con las prestaciones) es cada una de las siguientes:

a. Factor de utilización.

b. Productividad.

c. Fiabilidad.

d. Sobrecarga.

3. **Rellene el siguiente gráfico referente a la medición de las prestaciones de un sistema:**

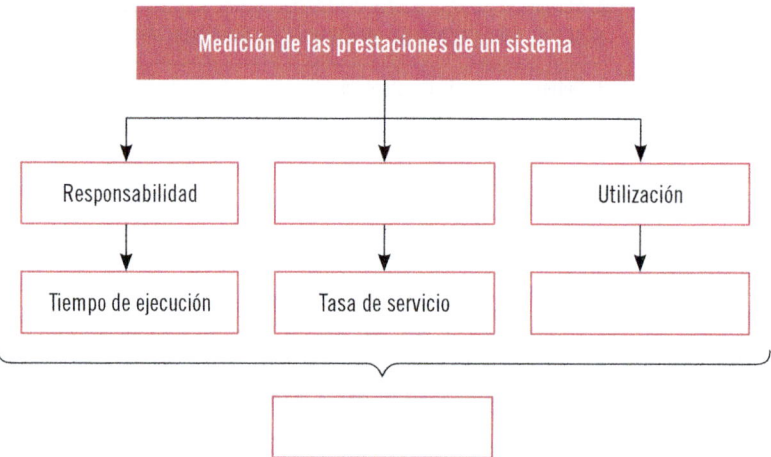

4. **Relacione las siguientes oraciones con la técnica de evaluación de sistemas a la que hacen referencia:**

a. Se utiliza cuando hay elementos del sistema que no están instalados o no están accesibles. Se diferencian dos tipos de técnicas de modelado.
b. Se utilizan herramientas de medición para obtener medidas reales de un sistema en funcionamiento. Las cargas de trabajo son reales.
c. Para la medición se utilizan cargas estándar utilizadas habitualmente para la comparación de sistemas.

__ Modelado.
__ Monitorización.
__ *Benchmark.*

5. Complete los espacios libres de la siguiente oración:

La extrapolación es una técnica muy utilizada para simular la _____ de prueba y es el método más habitual de pronóstico de _____. Se basa en la aplicación de modelos _____ para la simulación de las cargas previstas.

6. Rellene la siguiente tabla referente a los niveles aceptables y no aceptables de los resultados de las pruebas de evaluación:

RESULTADO DE LAS PRUEBAS DE EVALUACIÓN		
Tasa	Nivel aceptable	Nivel no aceptable
Utilización de la CPU		
Utilización de la memoria		
Capacidad de reacción		
Tasa de error		

7. Indique qué tipo de criterio de selección de proveedores es cada uno de los siguientes elementos:

a. Experiencia.

_____

b. Infraestructura.

_____

c. Precio.

_____

d. Cumplimiento.

_____

8. Describa cuáles son las principales fuentes de información para conocer cuáles son los proveedores y fabricantes de un elemento *hardware*:

_____

_____

_____

_____

_____

_____

_____

9. Relacione las siguientes definiciones con el elemento *hardware* que están describiendo:

   a. Forma parte de la placa base y hace posible su funcionamiento. Su funcionamiento consiste en la gestión de la información de entrada y salida del procesador entre otros componentes.
   b. Es una memoria volátil de lectura y escritura y tiene como función almacenar los datos temporalmente mientras se ejecuta un programa.
   c. Tarjeta que procesa los datos que envía la CPU y los transforma para que puedan ser visualizados a través del monitor.

   __ Tarjeta gráfica.
   __ Memoria RAM.
   __ Chipset.

10. Indique a qué tipo de periférico pertenecen los siguientes dispositivos:

    a. Ratón.

    _____

    b. Impresora.

    _____

    c. Plotter.

    _____

    d. Router.

    _____

11. ¿Qué es un cuello de botella y cuáles son los principales motivos de su aparición?

_____
_____
_____
_____
_____
_____
_____

12. Complete los espacios libres de la siguiente oración:

Los _____ de mercado son aquellos que pueden influir positiva o negativamente en un producto por el elevado grado de _____ de este. En general, los principales prescriptores de componentes TIC son los clientes y los _____ de estos elementos (tanto particulares como empresas/organizaciones).

13. Rellene la siguiente tabla referente a las últimas tendencias TIC:

TENDENCIAS TIC ACTUALES
Inteligencia artificial y aprendizaje automático
Computación en la nube
Blockchain y criptomonedas

14. Indique a qué variable de evaluación hacen referencia las siguientes definiciones:

a. Porcentaje de tiempo durante el que se han utilizado los dispositivos en tareas no relacionadas directamente con los trabajos en curso.

_____

b. Tiempo de utilización simultánea de varios componentes.

_____

c. Máximo trabajo útil por unidad de tiempo. Determina su nivel máximo de productividad.

_____

d. Probabilidad de funcionamiento correcto en un período de tiempo determinado.

_____

15. ¿Qué diferencia existe entre el diseño realista y el diseño sintético de la carga de trabajo para la evaluación de un sistema de información?

_____
_____
_____
_____
_____
_____
_____

Capítulo 2

Capítulo 2
Establecer las condiciones ambientales adecuadas

Contenido

1. Introducción

Un elemento importante a tener en cuenta en el momento en el que se implanta un sistema de información o sistema informático es la ubicación en la que se va a instalar y las condiciones ambientales de la misma.

Las condiciones ambientales son las que influirán en el rendimiento del sistema y las que permitirán su correcto funcionamiento. Si estas no son adecuadas será muy posible que ocurran fallos inesperados y pérdidas de información que puedan ser de gran calibre, según lo que se tenga almacenado en los equipos.

Además, garantizar unas condiciones adecuadas asegura una correcta manipulación de los equipos y dispositivos y que los usuarios puedan trabajar con seguridad sin peligro a poder recibir descargas de corriente eléctrica entre otros riesgos.

En este capítulo se van a identificar los factores ambientales que pueden afectar al funcionamiento de la instalación y a adecuarlos correctamente a las necesidades de cada tipo de equipo y dispositivo que forman parte de un sistema informático para garantizar el mejor funcionamiento posible y un nivel de seguridad de la información razonable.

2. Conocer los factores ambientales que pueden afectar al funcionamiento de la instalación

Las condiciones ambientales son un factor imprescindible a tener en cuenta cuando se implanta un sistema informático en una organización. De hecho, mantener unas condiciones ambientales adecuadas resulta una condición indispensable para que el sistema informático funcione de un modo correcto y coherente.

2.1. La seguridad física y del entorno como protección de los factores ambientales

La importancia de un control de las condiciones ambientales adecuadas se pone de manifiesto en la norma ISO 27002, en su punto noveno: "Seguridad física y del entorno".

Más concretamente, indica que los equipos informáticos deben mantener la seguridad física a través de dos elementos:

 **Nota**

La norma ISO 27002 es un estándar para la seguridad de la información elaborado y publicado por la *International Organization for Standarization*, una organización de referencia a nivel internacional que redacta la gran mayoría de estándares para los sistemas de información.

Áreas seguras

En cuanto a áreas seguras, la norma ISO 27002 indica que es necesario que la organización mantenga una serie de áreas lo suficientemente seguras para que se logre evitar todo acceso físico que no esté autorizado y todo daño o intromisión a las instalaciones que provoque perjuicios a la información de la organización.

Los sistemas de información con datos especialmente sensibles deben estar ubicados en áreas seguras con perímetros de seguridad adecuados: perímetros en los que haya establecidos barreras y controles de entradas.

En concreto, las condiciones para el establecimiento adecuado de áreas seguras se muestran en la siguiente tabla:

MEDIDAS DE SEGURIDAD APROPIADAS PARA LAS ÁREAS SEGURAS
Establecimiento de un perímetro de seguridad física acorde con los riesgos del sistema de información.
Implantación de controles físicos de entrada que impidan el acceso a las instalaciones de personal no autorizado.
Establecimiento de medidas de seguridad física para las oficinas, despachos y recursos relacionados con el sistema de información.
Aplicación de medidas de protección física contra ciertas condiciones ambientales como, por ejemplo, incendios, inundaciones, desastres naturales, etc.
Diseño e implantación de protección física y de pautas para trabajar en las áreas designadas como seguras.
Control de las áreas de carga y descarga de la organización para evitar accesos no autorizados a las instalaciones. Aislamiento de estas áreas de los recursos y dispositivos que tratan la información.

Seguridad de los equipos del sistema de información

El otro punto importante para mantener la seguridad física y del entorno en los sistemas de información es la seguridad de los equipos del sistema de información.

La finalidad de estas medidas es evitar la pérdida, daño, robo o puesta en peligro de los activos importantes del sistema de información que puedan interrumpir las actividades de la organización.

Para mantener una seguridad adecuada deberían protegerse los sistemas contra las amenazas físicas y ambientales que sean inapropiadas para estos.

El estándar ISO 27002 también hace referencia a la necesidad de estudiar debidamente la ubicación de los equipos de modo que se mantenga un cierto nivel de seguridad y que, a la vez, su funcionamiento sea correcto y adecuado.

En ciertas instalaciones, además, es aconsejable establecer controles especiales que protejan el sistema informático de las amenazas físicas y que permitan la protección de ciertos servicios de apoyo como son la energía eléctrica y el cableado del sistema.

En resumen, las principales medidas de este estándar que hacen referencia a la seguridad de los equipos se describen en la siguiente tabla:

MEDIDAS DE SEGURIDAD APROPIADAS PARA LOS EQUIPOS DEL SISTEMA DE INFORMACIÓN
Instalación y protección de equipos: los equipos deben ubicarse en aquellas zonas donde se minimice el riesgo de materialización de las amenazas del entorno y las probabilidades de accesos no autorizados.
Establecimiento de medidas de protección contra posibles fallos del suministro de energía y otros servicios de apoyo.
Protección del cableado, tanto de energía como de comunicaciones, que den soporte al sistema de información.
Realización de un mantenimiento adecuado de los equipos que garantice la disponibilidad e integridad de la información que contienen.
Establecimiento de medidas de seguridad especiales para los equipos que están ubicados fuera de las instalaciones de la organización, considerando los riesgos adicionales a los que están expuestos.
Establecimiento de medidas de seguridad en la reutilización o eliminación de equipos para garantizar que la información contenida en ellos haya sido eliminada o sobrescrita con seguridad antes de su eliminación o reutilización.
Reducción en lo posible de los traslados de los equipos, información o aplicaciones informáticas fuera de las instalaciones de la organización sin la autorización pertinente y justificada.

Importante

Las medidas de seguridad físicas y ambientales deben ser consideradas sea cual sea el tamaño del sistema de información: no por tener un sistema reducido con pocos equipos y dispositivos significa que el riesgo al que están expuestos es inferior o que la importancia de la información que contienen sea menor.

Aplicación práctica

En estos momentos se encuentra valorando la posibilidad de alquilar unas instalaciones para ubicar varios equipos informáticos. ¿Qué factores deberá evaluar para proporcionar una seguridad física de los equipos adecuada?

Las instalaciones están ubicadas en una zona rodeada de obras cuya finalización se prevé en unos 6 años. ¿Recomendaría alquilarlas? ¿Por qué?

SOLUCIÓN

Para que los equipos informáticos gocen de una seguridad física adecuada en unas instalaciones determinadas deben evaluarse dos factores importantes:

- Por una parte debe evaluarse si las instalaciones (o parte de estas) pueden ser áreas seguras donde se permita el control de accesos no autorizados.
- Por otra parte debe considerarse si la seguridad de los equipos cumple con unas condiciones ambientales adecuadas.
- Si se tiene en cuenta que las instalaciones están rodeadas de obras y que no hay una fecha de finalización próxima, es conveniente valorar buscar instalaciones en otras ubicaciones. El polvo que generan las obras es bastante elevado y no es recomendable para la utilización de equipos informáticos.

Actividades

1. Indique qué efectos perjudiciales para la organización puede haber si no se eliminan correctamente los datos de un equipo que va a ser reutilizado por personas ajenas a la organización.
2. Señale qué diferencia hay entre el cableado de energía y el cableado de comunicaciones. Busque información sobre las particularidades de cada tipo de cableado.

2.2. Identificar los factores que afectan a los equipos informáticos

Antes de proceder a describir los factores ambientales que pueden afectar al funcionamiento de la instalación es necesario diferenciar los diferentes tipos de seguridad informática:

Aunque todas las tipologías hacen referencia a la seguridad de los sistemas de información, la diferencia radica en el tipo de protección que ofrecen y en los activos que protegen.

Seguridad física

La seguridad física hace referencia a los procedimientos establecidos que permitan controlar el acceso físico al sistema de información con el fin de evitar accesos no autorizados.

Son medidas de seguridad física la instalación de cámaras de vídeo en la sala donde se ubican los equipos, las puertas de acceso a las instalaciones con medidas especiales, etc.

Cámara de seguridad (© Fotografía: photoXpress Vía Web - CC BY-SA 3.0)

Seguridad ambiental

La seguridad ambiental hace referencia a las medidas establecidas para controlar las condiciones ambientales que puedan perjudicar al sistema de información, tanto a nivel de información como a nivel de los equipos y dispositivos.

Son medidas de seguridad ambiental, por ejemplo, la instalación de sistemas contra incendios, protectores de picos de tensión eléctrica, etc.

Estas medidas hacen referencia a elementos naturales que son difíciles de prever, por lo que un elevado nivel de prevención y control es imprescindible para minimizar los daños que pueden ser ocasionados por estos elementos.

Sistema de prevención de incendios, extintor

Seguridad lógica

La seguridad lógica, sin embargo, hace referencia al conjunto de procedimientos y medidas existentes para el control del acceso lógico no autorizado a la información y a los datos de un sistema de información, tanto a la información almacenada como a la transmisión de información.

 Importante

Es importante diferenciar la seguridad lógica de la física: ambas protegen el acceso a la información pero, mientras que la seguridad física trata de impedir el acceso de las personas físicas a los dispositivos, la seguridad lógica impide dicho acceso a través de aplicaciones y sistemas de *software* de seguridad.

Aplicación práctica

Usted se encuentra verificando la seguridad de los sistemas informáticos de su organización y se ha dado cuenta de que hay zonas donde estos sistemas son accesibles con demasiada facilidad por usuarios no autorizados.

¿Qué tipo de seguridad se está vulnerando y qué medidas propondría para solucionarlo?

SOLUCIÓN

Cuando se permiten accesos de usuarios no autorizados a unas instalaciones determinadas, o cuando el control de accesos no se realiza de un modo adecuado, se está vulnerando la seguridad física de los sistemas informáticos.

Como solución a este fallo de seguridad se podrían establecer medidas de control de accesos como la instalación de cámaras de vídeo o la instalación de puertas de acceso con medidas de protección especiales.

Factores ambientales que pueden afectar a un sistema de información y a su correcto funcionamiento

Aunque es muy importante mantener la organización y sus sistemas informáticos alejados de los ataques externos referentes a usuarios no autorizados como *hackers,* virus, etc. su seguridad no servirá para nada si no se establecen medidas adicionales para controlar los factores ambientales, como por ejemplo, un incendio.

Aunque la seguridad ambiental es uno de los aspectos menos considerados cuando se diseña un sistema de información, no hay que olvidar que un desastre natural puede echar a perder todos los datos incluidos en este y de un modo más difícil de recuperar.

Los riesgos ambientales a los que se expone una organización son de lo más diversos y pueden variar según los usuarios, las situaciones particulares y los entornos en los que están ubicados.

Asimismo, las medidas de seguridad que se pueden tomar contra estos riesgos dependerán siempre de las peculiaridades del sistema de información, de la organización y de la tecnología utilizada.

Las principales amenazas y factores ambientales que se deben prever en el diseño y la implantación de un sistema de seguridad ambiental son:

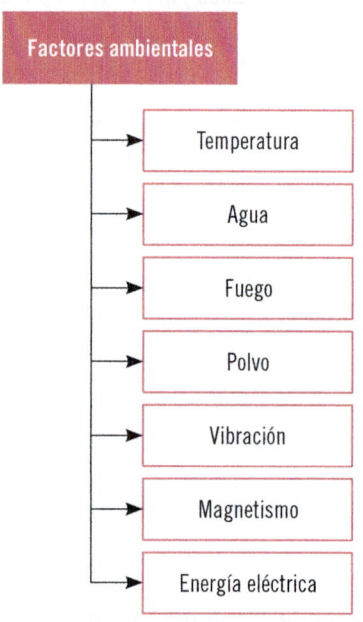

Factores ambientales

- Temperatura
- Agua
- Fuego
- Polvo
- Vibración
- Magnetismo
- Energía eléctrica

Temperatura

Según la situación geográfica de la organización, de la climatología y de la ubicación de los equipos y dispositivos dentro de unas instalaciones, la temperatura del ambiente puede variar considerablemente.

Por ello, la organización debe contar con medidas de refrigeración adecuadas que eviten el sobrecalentamiento del sistema informático y la posible pérdida de información derivada de sus consecuencias.

Además, es importante que las principales fuentes de calor permanezcan lo más alejadas que se pueda para mantener un nivel de refrigeración adecuado.

Agua/inundaciones

El agua es un factor ambiental de especial relevancia, ya que la irrupción de esta en un sistema de información puede causar cortocircuitos que ocasionen otros efectos más perjudiciales.

Se define una inundación como "la invasión de agua por exceso de escurrimientos o por acumulación debida a la falta de drenaje de la misma". Esta falta de drenaje puede ser natural o artificial (que las edificaciones y el terreno no hayan sido construidos y adaptados a las condiciones de drenaje adecuadas). Suele ser una de las causas que ocasiona un mayor perjuicio en los sistemas de información.

Para evitar este tipo de desastres se recomienda:

■ Construcción de techos y paredes impermeabilizados en las infraestructuras de la organización que contengan sistemas de información.
■ Ubicar los equipos y dispositivos lo más alejados que se pueda de vías de entrada posible de agua.
■ Instalar unas puertas y ventanas adecuadas y debidamente selladas para evitar la entrada de agua en lluvias intensas.
■ Instalar detectores de agua.
■ Ubicar las instalaciones en zonas con baja probabilidad de inundaciones.

Fuego/incendios

El fuego se trata de uno de los factores ambientales más peligrosos en un sistema de información, ya que la gran mayoría de elementos son inflamables.

Los incendios suelen ser causados por varios factores:

■ Utilización inadecuada de combustibles.
■ Fallas en las instalaciones eléctricas defectuosas.
■ Almacenamiento y traslado poco adecuado de sustancias peligrosas.

Las principales medidas de prevención al fuego se describen en la tabla que se muestra a continuación:

PRINCIPALES MEDIDAS DE PREVENCIÓN AL FUEGO
Colocación de indicadores y medidores de temperatura en lugares que estén a la vista.
Colocación de extintores en sitios de acceso inmediato para que estén disponibles en un mínimo tiempo ante la aparición de fuego.
Revisión periódica de los extintores para optimizar su funcionamiento ante emergencias.
Instalación de detectores de humo y calor en las salas donde estén ubicados los equipos más relevantes.
Utilizar instalaciones que tengan las paredes hechas con materiales incombustibles.
Utilizar muebles incombustibles para ubicar los equipos.
Ubicar las instalaciones lejos de áreas donde se utilicen materiales inflamables, explosivos, gases tóxicos, etc.
Prohibir fumar dentro de las instalaciones.

 Nota

El hecho de fumar en las instalaciones donde se ubiquen los equipos y los sistemas informáticos no solo añade riesgo de incendio, sino que también perjudica y deteriora con mayor rapidez los equipos por la emisión de humos a consecuencia del tabaco.

Se recomienda como medida adicional contra incendios destinar una sala específica a los elementos más importantes del sistema de información:

- Sistemas y medios de almacenamiento de la información.
- Documentación de los sistemas.
- Discos de instalación, tanto de aplicaciones informáticas como de los dispositivos *hardware.*

Esta sala deberá contar con mecanismos adicionales de seguridad y requerirá un elevado control, ya que los activos más relevantes estarán ubicados ahí y una pérdida de estos puede conllevar graves perjuicios a la organización y unos costes de recuperación bastante elevados.

Polvo

El polvo, aunque parezca inofensivo a primera vista, puede ser el causante de otros factores ambientales bastante dañinos.

La acumulación de polvo puede afectar gravemente a la información contenida en los dispositivos de almacenamiento. Además, al evitar la ventilación de los equipos y dispositivos se provoca un aumento de la temperatura que puede ocasionar fallos importantes además de posibles incendios (en casos extremos).

Por estos motivos se recomienda mantener una limpieza adecuada de las instalaciones y de los elementos del sistema de información. Además, es recomendable ubicarlos en zonas donde la acumulación de polvo sea menor.

Por ejemplo, no es recomendable ubicar los equipos cerca de ventanas que permanezcan abiertas, ya que el polvo va a acceder a estos con mayor facilidad.

Acumulación de polvo en un equipo (© Fotografía: Dave Kirkham Vía Web - CC BY-ND 2.0)

 Actividades

3. Señale qué recomendación formularía para evitar acumulaciones excesivas de polvo en los equipos informáticos. ¿Por qué?

Vibración

Las vibraciones constantes pueden dañar los distintos elementos de un equipo y las piezas internas de los dispositivos.

Por ello se recomienda evitar ubicarlos en sitios con tráfico excesivo o cerca de complejos industriales donde se emitan vibraciones de cierta intensidad.

 **Nota**

El tráfico excesivo que puede generar vibraciones no solo puede deberse a los coches. Este también puede ser aéreo o ferroviario.

Radiaciones electromagnéticas e interferencia eléctrica

Debe evitarse la ubicación de los equipos cerca de fuentes de magnetismo, ya que las radiaciones electromagnéticas pueden alterar o dañar los medios de almacenamiento de la información.

Son ejemplos de fuentes de magnetismo: imanes, transformadores, cables de alta tensión, etc.

Además debe evitarse, en la medida de lo posible, la aparición de interferencias eléctricas, por lo que se recomienda utilizar canaletas que protejan el cableado de la instalación y separar los cables de potencia de los de comunicaciones.

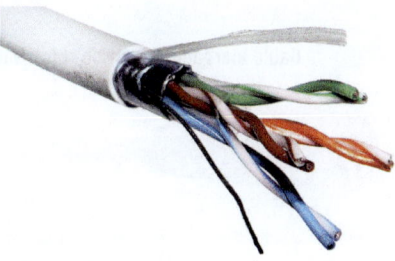

Cable de comunicaciones UTP

Energía eléctrica

Además de las interferencias eléctricas es importante mencionar otros aspectos relativos a la energía, como factores ambientales que pueden afectar a los equipos informáticos.

Hay que tener en cuenta que la continuidad del suministro de energía es fundamental para mantener una estabilidad en los equipos informáticos y evitar pérdidas de información inesperadas.

Por ello se recomienda ubicar las instalaciones de los equipos en zonas donde las variaciones del voltaje no sean un problema frecuente, ya que estas pueden dañar la información que puedan tener almacenada.

Además se aconseja tomar en consideración los siguientes puntos:

▌ Realizar una instalación eléctrica por áreas: de este modo si hay algún corte de suministro en una de las áreas las demás no se ven afectadas.

▌ Utilizar cables reforzados y recubiertos que eviten posibles cortocircuitos.

▌ Calcular debidamente el consumo de energía local para asegurar que la potencia contratada es la adecuada.

Cable alargador eléctrico reforzado

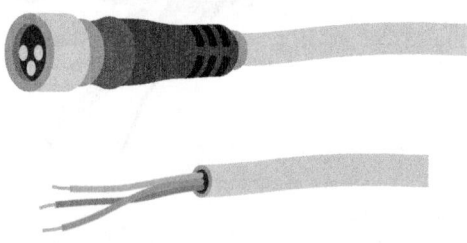

Seísmos

Los fenómenos sísmicos también se consideran un factor ambiental que puede afectar a los equipos informáticos de una organización.

No obstante, su prevención y sus efectos son tan difíciles de prever que resulta complicado establecer medidas de protección.

Hay que tener en cuenta que hay fenómenos sísmicos que solo los detectan elementos muy sensibles y que, sin embargo, hay otros seísmos que pueden ocasionar hasta la destrucción de edificios e incluso la pérdida de vidas humanas.

Para añadir una medida de protección adicional se recomienda ubicar las instalaciones en zonas con baja actividad sísmica. Si, por cualquier motivo, ello no fuese posible, deberían ubicarse en edificios bien protegidos y construidos especialmente para minimizar los efectos de la actividad sísmica.

Pruebas de diseño para edificios con medidas de protección ante terremotos
(© Fotografía: Shustov Vía Web - CC BY-SA 3.0)

Actividades

4. Considere si hay zonas con actividad sísmica cerca de su vivienda. ¿Qué efectos puede conllevar?
5. Señale en qué medida pueden afectar los campos electromagnéticos a los sistemas informáticos. Justifique su respuesta.

Aplicación práctica

Usted, como responsable de los equipos informáticos se está replanteando cambiar la ubicación de los equipos principales de la organización. La sala en la que se hallan está dotada de varios microondas para evitar a los empleados desplazarse a otra sala. Además, por motivos desconocidos hay varios cortes de suministro eléctrico al año. ¿Hay algún riesgo ambiental en la ubicación actual? ¿Recomendaría cambiar de ubicación?

SOLUCIÓN

Los microondas son fuentes de radiación electromagnética. Esto provoca que los equipos informáticos ubicados en la misma sala corran riesgo de interferencias electromagnéticas que puedan alterar o dañar los dispositivos de almacenamiento.

Además, aunque el corte de suministro eléctrico sea solo puntual (algunas veces al año), no es recomendable. Se están exponiendo los equipos a un riesgo ambiental relacionado con la energía eléctrica que puede ocasionar pérdidas de información en cualquiera de las interrupciones eléctricas.

Por estos motivos y, teniendo en cuenta que son riesgos importantes, se recomienda ubicar los equipos informáticos en otra sala libre de microondas y otras fuentes electromagnéticas en las que se reduzcan las interrupciones de suministro eléctrico.

Políticas de seguridad ambiental de los equipos

En cuanto a la seguridad ambiental de los equipos informáticos y de los distintos dispositivos *hardware* es necesario establecer una serie de medidas que permitan evitar daños de los factores ambientales que puedan afectar al normal funcionamiento de los equipos.

En la tabla siguiente se resumen los principales aspectos a tener en cuenta en el diseño de dichas medidas de seguridad:

MEDIDAS DE SEGURIDAD AMBIENTAL
Estricta monitorización de la temperatura y de la humedad, ya que cualquiera de los dos factores puede afectar a la operatividad de los equipos informáticos.
Establecer controles que minimicen el riesgo potencial de robo como, por ejemplo, la obligatoriedad de llevar una identificación para poder circular por las instalaciones donde se ubican los equipos.
Establecer controles para minimizar el riesgo de fuego y humo como: - Instalación de detectores de calor y humo suficientes para percibir cualquier mínimo indicio de incendio. - Instalación de extintores de incendios probados y específicos para detener el fuego provocado por equipos eléctricos o papel. - Mantenimiento periódico de los extintores de incendios.
Establecer controles para minimizar el riesgo de explosión, evitando la entrada de usuarios con material potencialmente explosivo.
Establecer procedimientos y controles que eviten problemas de inundación o de interrupciones del suministro como: - Ubicar los equipos en salas que no estén a pie de calle para impedir posibles inundaciones. - Asegurar que las cañerías de desagüe de las salas donde se ubican los equipos estén debidamente protegidas y contengan válvulas de retención de líquidos.
Diseño de medidas que eviten problemas de interferencia eléctrica y de radiaciones electromagnéticas: - Protección adecuada del cableado de la red mediante la utilización de canaletas protectoras. - Separación de los cables de potencia de los cables de comunicación, atendiendo a las normas técnicas.

Continúa en página siguiente >>

<< Viene de página anterior

MEDIDAS DE SEGURIDAD AMBIENTAL
Prohibir fumar o tomar cualquier tipo de bebidas o alimentos en las salas donde se encuentren los equipos.
Utilizar elementos adicionales de protección para los equipos informáticos con información de especial relevancia.
Proteger los equipos informáticos de interrupciones en el suministro eléctrico, fallas de potencia u otras anomalías eléctricas mediante: - Utilización de UPS (Uninterruptable Power Suply) que garantice suministro eléctrico el tiempo suficiente para almacenar la información en la que se está trabajando.   - Instalación de interruptores eléctricos adicionales cerca de salidas de emergencia para que puedan ser apagados ante cualquier fallo de energía.

 Aplicación práctica

Revisando la distribución de los equipos informáticos en las instalaciones en su organización comprueba que:

I Hay equipos que se hallan en la planta baja del edificio.
I Los cables de comunicación y los cables eléctricos están ubicados en el mismo sitio.
I Hay máquinas de vending situadas al lado de varios equipos informáticos.
I El termómetro que mide la temperatura ambiente de la oficina está colocado en una zona de exposición directa al sol.

Evalúe a qué riesgos está expuesto y que recomendaciones formularía para minimizarlos.

SOLUCIÓN

En primer lugar, la ubicación de los equipos en la planta baja de un edificio incrementa el riesgo de que estos se vean afectados por alguna inundación. Por ello se recomienda cambiar la ubicación de los equipos a plantas superiores.

Continúa en página siguiente >>

<< Viene de página anterior

Por otro lado, ubicar los cables eléctricos y los cables de comunicaciones conjuntamente conlleva riesgos elevados de interferencias eléctricas y de radiaciones electromagnéticas por lo que se aconseja la separación de ambos tipos de cableado en ubicaciones distintas y bastante separadas.

En cuanto a las máquinas de vending, el hecho de ubicarlas en zonas próximas a los equipos informáticos incrementa el riesgo de vertido de líquidos. No se recomienda comer ni beber cerca de los equipos, por lo que las máquinas de vending deberían colocarse en salas específicas donde no haya equipos.

Por último, el termómetro no puede estar en una zona de directa exposición al sol ya que la temperatura que marque no será real. Al marcar temperaturas irreales hay mayor riesgo de avería por no saber en qué condiciones ambientales reales están expuestos los equipos. Se aconseja cambiar la ubicación del termómetro donde no haya una exposición directa al sol ni al aire acondicionado.

Actividades

6. Considere si echa en falta algún factor ambiental que pueda afectar negativamente en el funcionamiento de los equipos informáticos. Indique cuál o cuáles.
7. Busque información sobre los distintos tipos de extintores de incendios actuales y valore cuál sería más adecuado para proteger instalaciones con sistemas informáticos.

2.3. Identificar los factores que afectan a las comunicaciones

Evaluar el ambiente físico para el diseño de las comunicaciones de los equipos informáticos es especialmente relevante, ya que una instalación mal diseñada puede provocar riesgos importantes y problemas de difícil diagnóstico que podrían ocasionar deterioros en los dispositivos de red.

Para la instalación de una red de comunicaciones deberán tenerse en cuenta dos tipos de condiciones:

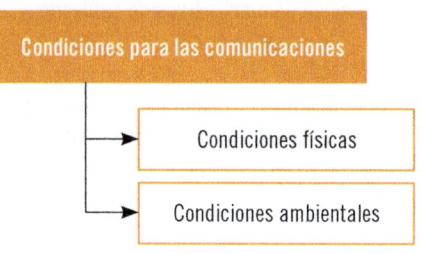

Condiciones físicas

Las condiciones físicas hacen referencia al estudio y evaluación de aquellos aspectos que pueden afectar con cierta importancia a un sistema de comunicaciones según donde esté ubicado.

Las redes de comunicaciones deben instalarse en armarios de cableado: se trata de habitaciones o armarios (dependiendo del tamaño de la red) diseñados específicamente para ubicar el cableado de una red de datos. Estos armarios son el punto de unión central para el cableado de la red y para el equipo que conecta todos sus dispositivos.

En los armarios de cableado se pueden encontrar la gran mayoría de cables y dispositivos de una red de comunicaciones, por lo que evaluar las condiciones del entorno y decidir su ubicación deben ser decisiones meditadas y prioritarias.

Armario de cableado (© Fotografía: Quique251 Vía Web - CC BY-SA 3.0)

Para ubicar estos armarios habrá que tener en cuenta fundamentalmente tres aspectos:

- Suministro de corriente eléctrica.
- Conexión a tierra.
- Climatización de la sala donde se ubique (en referencia a calefacción, aire acondicionado y ventilación).

 Nota

La conexión a tierra o toma de tierra se utiliza en las instalaciones eléctricas y sirve para que cualquier derivación incorrecta de la corriente de cualquier aparato se lleve directamente a tierra y no afecte al usuario, evitando problemas de electrocución.

Además, la selección de la ubicación deberá decidirse tomando en consideración las siguientes recomendaciones:

- Cuanto más cerca esté del centro del área a servir, mejor. Es decir, se recomienda colocarlo cerca de los equipos a los que da servicio.
- La ubicación debe estar debidamente protegida para ser considerada segura y que no haya accesos de usuarios no autorizados.
- Deben respetarse las normas de seguridad generales para el edificio en el que se encuentre.

También hay que tener en cuenta que existen normas específicas para los armarios de cableado en lo referente a:

- Ubicación.
- Materiales de construcción y recubrimiento de las paredes, suelos y techos.
- Toma de corriente.
- Accesos a la sala, a los equipos y al armario de cableado.
- Soporte y acceso a los cables.

En cuanto al tamaño del armario de cableado deberá tenerse en cuenta la dimensión de la red. Este deberá ser lo suficientemente grande para que pueda contener y almacenar todos los dispositivos de interconexión y el cableado de los mismos.

 Nota

Para decidir el tamaño de un armario de cableado no solo hay que tener en cuenta el tamaño de la red actual, sino que también hay que realizar una serie de previsiones para determinar su tamaño futuro y utilizar un armario de cableado acorde a este. Es poco eficiente adquirir un armario de cableado pequeño y que al poco tiempo se tenga que cambiar por falta de espacio.

Para una red pequeña servirá con un simple armario de conexión, pero para redes de gran tamaño con bastantes dispositivos de interconexión, estos armarios suelen ocupar habitaciones enteras.

Armario de cableado de gran tamaño

Aplicación práctica

Debido al crecimiento que está sufriendo su organización se están planteando la instalación de más equipos de información y de sistemas de comunicaciones más sofisticados, por lo que están pensando la adquisición de un armario de cableado.

¿Dónde debería ubicarse dicho armario y qué debería contener? ¿Sería adecuado situar el armario en una sala con filtraciones de humedad en las paredes? ¿Por qué? Si tuviera que elegir entre ubicar el armario o un equipo informático de la organización en la sala, ¿qué elegiría? Justifique su respuesta.

SOLUCIÓN

El armario de cableado deberá ubicarse lo más cerca del centro de servicio posible para que el control de las comunicaciones sea más efectivo. No obstante, deberán tenerse en cuenta una serie de factores para determinar su colocación: suministro de corriente eléctrica, toma de tierra y climatización de la sala.

Continúa en página siguiente >>

<< Viene de página anterior

En cuanto al contenido del armario, este deberá contener todos los dispositivos de interconexión y el cableado que los comunica.

La ubicación del armario en la sala con humedades no es recomendable en absoluto, porque, por mucha protección que pueda tener el armario, las condiciones ambientales de la sala donde se coloque deben ser las adecuadas para garantizar su correcto funcionamiento.

Debido a la especial relevancia del cableado del armario es preferible ubicar en esa sala cualquier otro equipo informático. Hay que tener en cuenta que el mal funcionamiento de los componentes colocados dentro del armario afectan a la gran mayoría de equipos y dispositivos de la organización, mientras que el mal funcionamiento de un solo equipo puede ocasionar daños de menor relevancia.

Condiciones ambientales

Las condiciones ambientales también son fundamentales para un correcto funcionamiento de una red de comunicaciones, siendo uno de los factores más influyentes.

Los factores que afectan a las comunicaciones de una red son muy similares a los que afectan a los equipos informáticos, debiendo destacar los siguientes:

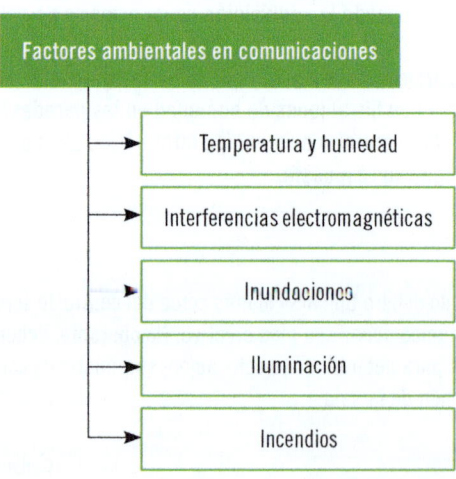

Temperatura y humedad

El armario de cableado debe mantenerse a una temperatura y humedad relativa estables. Hay que tener en cuenta que una temperatura elevada o demasiado reducida puede deteriorar aceleradamente los elementos y provocar funcionamientos deficientes. Se recomienda una temperatura para el armario entre los 18 y 24 ºC.

Lo mismo ocurre con la humedad relativa: los ambientes excesivamente secos dificultan la transferencia de datos y el correcto funcionamiento de los dispositivos, mientras que los ambientes demasiado húmedos pueden ocasionar problemas eléctricos como cortocircuitos.

La humedad relativa debería mantenerse entre un 30 % y un 55 %.

Interferencias electromagnéticas

Las interferencias electromagnéticas causan errores en la transmisión de datos por lo que la ubicación (tanto del armario del cableado como de los distintos dispositivos de red) debe estar en un lugar donde estas interferencias sean mínimas.

Son causantes de este tipo de interferencias los siguientes elementos (entre otros):

▪ Dispositivos de comunicación inalámbrica: teléfonos móviles, dispositivos bluetooth, *routers* wifi, antenas de transmisión…
▪ Dispositivos electrónicos de consumo: televisores, radios, teléfonos inalámbricos, hornos microondas, electrodomésticos en general…
▪ Equipo de iluminación: lámparas fluorescentes, lámparas LED…

Nota

Además de intentar evitar interferencias electromagnéticas también se recomienda la instalación de una red cuya señal sea lo suficientemente potente para que los posibles ruidos que pueda haber no afecten a la calidad de la transmisión de los datos.

Inundaciones

Los armarios de cableado y los cables en sí deben estar protegidos de cualquier riesgo de inundación, ya que el agua puede dañarlos gravemente y provocar fallos de servicio.

Para ello debe evitarse en la medida de lo posible que pasen tuberías cerca de estos. Si no pudiera evitarse y hubiera tuberías próximas al armario de cableado, la sala deberá disponer de un sistema de drenaje adecuado.

Iluminación

Es recomendable que los armarios de cableado estén bien iluminados, con la luz en el techo preferiblemente. Si los dispositivos y el cableado están dotados de una iluminación correcta será más fácil detectar posibles fallos y errores en las conexiones.

 Nota

Los colores claros para las paredes y el techo de la sala mejoran considerablemente su iluminación. Para sitios cuya luz natural sea escasa, siempre es recomendable utilizar colores claros que potencien su iluminación y la visibilidad de sus objetos.

También es importante que haya luces de emergencia cerca para que, ante fallos de suministro eléctrico, se pueda localizar con facilidad.

Incendios

Un sobrecalentamiento o un cortocircuito (entre otros agentes) en sitios donde hay un sistema de cableado importante puede ocasionar un incendio, provocando consecuencias nefastas para las comunicaciones y para el edificio donde se ubiquen, en general.

Por ello se recomienda también la instalación de extintores, detectores de humo y fuego y pintura ignífuga, entre otras.

Detector de humo (© Fotografía: Tumi-1983 Vía Web - CC BY-SA 3.0)

Otros factores ambientales

Además de los ya mencionados hay otros factores ambientales que afectan a los equipos informáticos (y a todos los lugares de trabajo en general) sobre los que es necesario establecer un cierto control a fin de evitar deterioros e ineficiencias de la red de comunicaciones:

- Vibraciones.
- Calidad del aire/contaminación.
- Ruido/contaminación acústica.

▮ Polvo.

▮ Radiaciones.

Actividades

8. Explique por qué se recomienda la instalación de los equipos en zonas donde su humedad relativa esté dentro de un rango específico. ¿En qué medida puede afectar un ambiente seco en un sistema informático? ¿Y un ambiente excesivamente húmedo?

Aplicación práctica

Revisando los factores ambientales de las salas donde se ubican los equipos informáticos obtiene la siguiente información: la temperatura ambiental media es de 50 °C y la humedad relativa es del 85 %. ¿Están los equipos en condiciones óptimas de funcionamiento? ¿Qué efectos pueden tener la temperatura y humedad obtenidas?

SOLUCIÓN

Teniendo una temperatura de 50 °C y una humedad del 85 % se puede determinar que las condiciones de funcionamientos de los equipos de la sala no son las más apropiadas, pudiendo haber pérdidas de eficiencia, mayor frecuencia de fallos y una mayor velocidad en el deterioro de los equipos y dispositivos.

Para garantizar un funcionamiento adecuado la temperatura debería estar entre los 18 °C y los 24 °C y la humedad entre el 30 % y el 55 %.

Recomendaciones para la instalación y mantenimiento del sistema de comunicaciones según los factores ambientales

Cuando se instala un sistema de comunicaciones hay que tener en cuenta los factores ambientales que pueden afectar tanto al armario de cableado, como a los dispositivos de conexión, como al cableado (estén dentro o fuera de dicho armario).

El cableado de la red debe ser instalado por profesionales que garanticen su seguridad e integridad.

Son aspectos que deben tenerse en cuenta cuando se instala una red de comunicaciones, los siguientes:

- Los conectores de potencia deben estar conectados a tierra para evitar problemas eléctricos que dañen los dispositivos o incluso, a las personas.
- El cableado de la red debe estar debidamente protegido de cualquier intercepción o daño mediante la utilización de canaletas.
- Se recomienda en la medida de lo posible que los cables estén ubicados dentro de las paredes para evitar cualquier intercepción, especialmente de ratones y otros animales.
- Los cables de potencia deben estar debidamente separados de los cables de comunicaciones.
- Utilización de sistemas de fibra óptica para las conexiones más críticas (aquellas que tengan un elevado volumen de transmisión de datos o que transmitan datos de especial relevancia).
- Considerar la posibilidad de utilizar enlaces redundantes: se trata de enlaces que permiten que un dato vaya de origen a destino a través de varias rutas de modo que, si falla alguna de ellas, se pueda utilizar cualquiera de las otras que no se han visto perjudicadas.

Ejemplo de red con enlaces redundantes

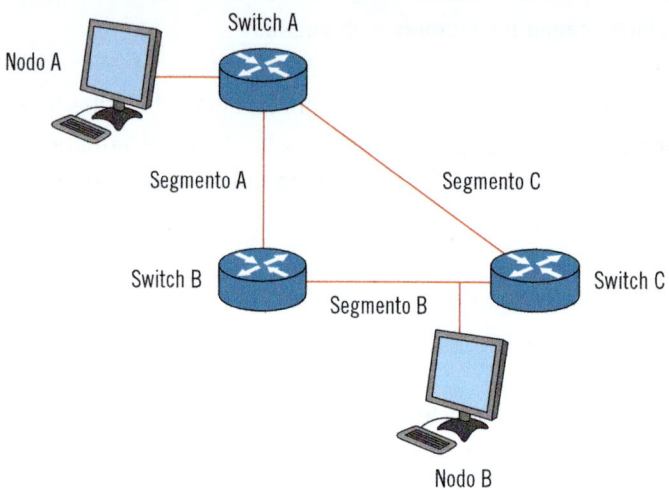

Definición

Switch o conmutador

Es un dispositivo digital lógico de interconexión de redes informáticas. Se utiliza para conectar varias redes entre sí funcionando como una sola.

3. Interpretar adecuadamente las necesidades ambientales del _hardware_

En sistema de información hay una gran variedad de elementos de _hardware_ que difieren atendiendo a las necesidades y objetivos de cada usuario u organización.

Aunque está claro que hay unas condiciones ambientales genéricas que deben procurar mantenerse para garantizar el correcto funcionamiento de todos los elementos _hardware_ y del sistema de información en general, hay que tener en cuenta que cada uno de estos elementos tiene unas características especiales por las que se deben regir en el momento de decidir su instalación y ubicación.

Por ejemplo, una impresora láser con un uso moderado no requerirá un sistema de refrigeración tan sofisticado como un armario de cableado que contenga numerosos dispositivos de conexión de uso intensivo.

Para conocer las peculiaridades de cada *hardware* habrá que ver sus instrucciones para obtener los parámetros críticos para su funcionamiento y realizar una serie de mediciones de dichos parámetros.

3.1. Identificar los parámetros críticos ambientales para el correcto funcionamiento del *hardware:* establecer mediciones de temperatura, humedad y presión, y establecer mediciones de ruidos, vibraciones y campos electromagnéticos

Para poder mantener los distintos elementos de *hardware* en condiciones óptimas dentro de los parámetros críticos ambientales y garantizar su correcto funcionamiento es preciso saber cómo deben realizarse las mediciones de dichos factores y saber interpretar los resultados que facilitan.

Los factores más importantes de los cuales se deben tener mediciones adecuadas son los siguientes:

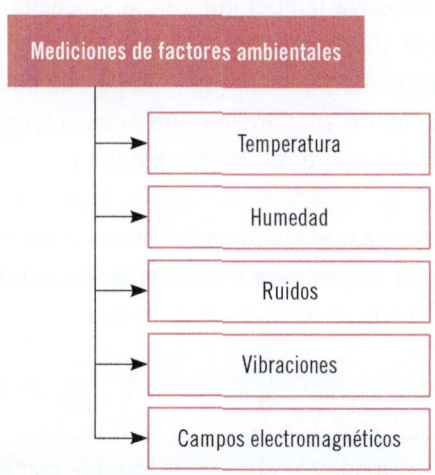

Mediciones y control de la temperatura y la humedad del entorno

Después de todo lo comentado en los apartados anteriores, está claro que algunos de los factores más importantes para el correcto funcionamiento de los distintos elementos *hardware* son la humedad y la temperatura.

No obstante, en sistemas informáticos donde la utilización de los dispositivos y de los equipos es bastante intensiva, la temperatura debe considerarse el factor más crítico, pasando la humedad a ser un factor secundario.

Nota

Aunque es importante tener un control de la humedad del ambiente, solo sería necesario un control exhaustivo en aquellos ambientes donde haya tal grado de humedad que pueda afectar a los equipos. En un ambiente de humedad "normal" no debería haber problemas de funcionamiento.

Para prevenir una excesiva temperatura en la ubicación de los equipos informáticos es fundamental disponer de salas debidamente ventiladas. Si además se tratara de salas con un elevado número de equipos y maquinarias, se recomienda la instalación de aparatos de aire acondicionado que mantengan la habitación en condiciones óptimas de temperatura.

Hay que tener en cuenta que cuanta más temperatura haya en la sala, más fallos habrá en todos los dispositivos electrónicos (sean equipos, dispositivos de red y cualquier otro dispositivo que genere calor).

Además, para mantener una temperatura adecuada en los distintos dispositivos resulta primordial que dispongan de ventilación interior (ventiladores para los discos duros, disipadores, etc.) de modo que compensen el calor que generan por sí solos.

Disipador (© Fotografía: Danrok, Vía web-CC BY-SA 3.0)

Para controlar que los equipos están dentro de unos límites aceptables de temperatura es muy recomendable disponer de un sistema de monitorización de la temperatura.

Este sistema puede ser desde un simple termómetro electrónico en la sala donde se ubiquen los equipos, hasta un termómetro que envíe los datos a un equipo para poder monitorizar la temperatura.

*Termómetro ambiental electrónico
(© Fotografía: Akbar Guntara /
Shutterstock.com*

Un *software* muy utilizado para medir la temperatura de los distintos elementos de un equipo informático es AIDA64.

Esta aplicación mide la temperatura de los componentes del equipo e indica si está dentro de los límites aceptables. Los datos que ofrece son a tiempo real y además facilita información sobre las características específicas de la gran mayoría de los componentes:

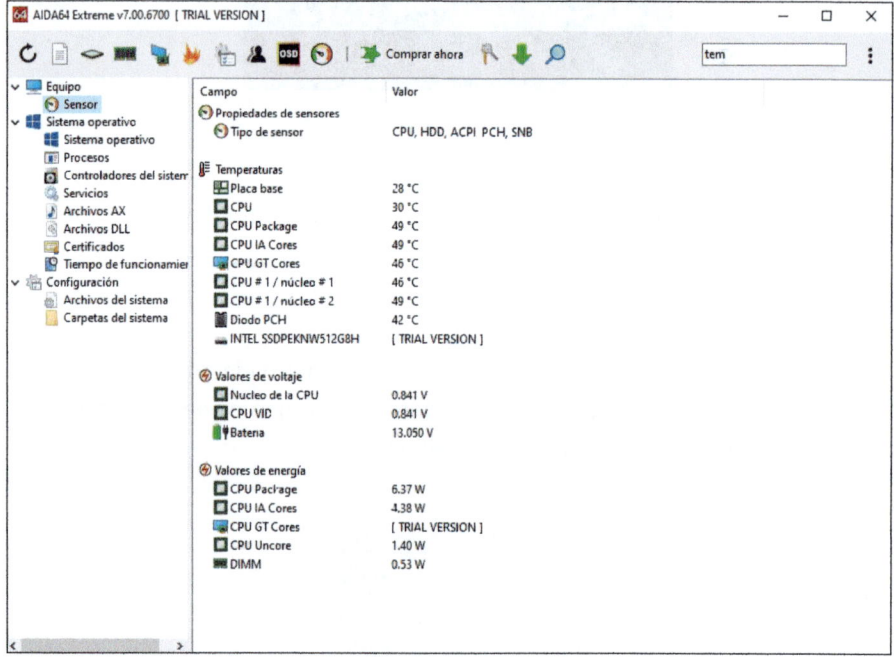

Captura de pantalla de la herramienta AIDA64

Además, permite mostrar permanentemente un resumen de las temperaturas de los componentes más críticos para tenerlas perfectamente controladas y poder establecer algún sistema de avisos que permita reaccionar rápidamente ante subidas inesperadas de temperatura.

Recuerde

La temperatura óptima en la sala donde se ubiquen los equipos informáticos debe estar entre los 18 y 24 °C. En cuanto a humedad relativa se recomienda que esté entre un 30 % y un 55 %.

Actividades

9. Descargue la versión gratuita del *software* AIDA64 y compruebe la temperatura de los distintos componentes de su ordenador de sobremesa. ¿Hay alguno de ellos que sobrepase los límites adecuados?

Mediciones y control de ruidos y vibraciones

El ruido y las vibraciones excesivas y constantes terminan dañando los equipos informáticos, por lo que es necesario tener un control de las emisiones medias y conocer si es preciso establecer medidas de aislamiento adicionales.

Por otra parte, hay ciertas normativas que limitan la emisión de ruido y vibraciones en horas determinadas y dependiendo de la ubicación de los locales donde se encuentran los equipos informáticos de la organización.

Por ello es necesario establecer unas condiciones de aislamiento acústico para evitar superar los límites establecidos por la normativa estatal y las ordenanzas municipales.

Ruidos

Los niveles de ruido emitidos se cuantifican mediante la unidad de medida "decibelio" o dB. En general, si no hay situaciones especiales los niveles aceptables de ruido se encuentran entre los 30 dB y 50 dB.

Para la medición del ruido de la sala donde se ubiquen los equipos informáticos se utiliza un sonómetro: un instrumento que mide objetivamente el nivel de ruido en un determinado lugar y momento dados.

Las mediciones pueden realizarse de dos modos:

▮ **Manual:** para medir el ruido en situaciones puntuales (para conocer, por ejemplo, el ruido máximo de una situación determinada).
▮ **Programado:** para que se mida el ruido de la sala cada cierto tiempo y así conocer los decibelios medios que emiten los equipos.

Sonómetro (© Fotografía: Sensidyne, LP Vía Web - CC BY-SA 3.0)

Vibraciones

La unidad de medida para determinar las vibraciones de una ubicación determinada se expresa en metros partidos por segundo al cuadrado (m/s^2). Hay que tener en cuenta que no es lo mismo una vibración permanente que una esporádica, por lo que habrá que medir ambos tipos:

■ **Vibraciones continuas:** aquellas que se mueven en un cierto interva-lo de forma permanente.

■ **Vibraciones transitorias:** se trata de vibraciones esporádicas. Los ni-veles máximos de estas vibraciones son más elevados que los de las vibraciones continuas, ya que se entiende que los equipos pueden soportarlos con facilidad (siempre que sean esporádicas). Se suelen medir por las vibraciones provocadas por sucesos con un máximo de dos veces al día y una duración máxima de 10 min por cada suceso.

El aparato de medida de las vibraciones es el acelerómetro, que mide las vibraciones producidas por los equipos, maquinaria y las instalaciones.

Se consideran niveles máximos de vibraciones para oficinas los si-guientes:

■ En vibraciones continuas el límite máximo está en 4 m/s^2.

■ En vibraciones transitorias el límite máximo aumenta hasta los 128 m/s^2 (durante el día) y disminuye hasta los 12 m/s^2 (durante la noche).

Acelerómetro

Actividades

10. Busque información sobre otras herramientas utilizadas para la medición del ruido de unas instalaciones.
11. Explique qué son las vibraciones transitorias. ¿Por qué los límites aceptables para las vibraciones transitorias son más elevados que los establecidos para las vibraciones continuas? Justifique su respuesta.

Mediciones y control de campos electromagnéticos

Los campos electromagnéticos son zonas en las que existen tanto campos eléctricos como magnéticos formados por las cargas eléctricas y su movimiento.

Estos campos están formados por el movimiento de cargas eléctricas y, aunque tanto las personas como los equipos toleran ciertos límites aceptables, es necesario verificar que no se sobrepasan los límites en las instalaciones donde se ubican los equipos informáticos.

La unidad de medida para cuantificar la intensidad de estos campos son las micro-teslas o las nano-teslas y el aparato utilizado para realizar las mediciones es el magnetómetro.

Se recomienda medir la intensidad de los campos electromagnéticos cerca de los equipos informáticos (para conocer cuál es el grado máximo de intensidad que reciben y saber si puede ser perjudicial para estos) y en aquellos lugares donde haya personas frecuentemente (para conocer si los campos electromagnéticos están dentro de los límites que no afecten a la salud).

Los niveles aceptables y saludables se sitúan entre los 200 y 500 microteslas.

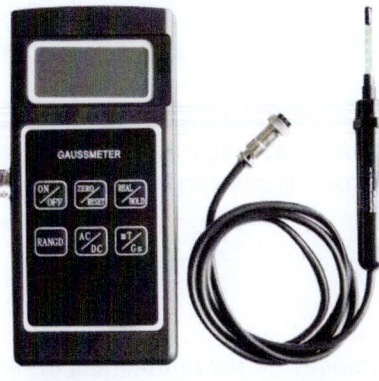

Magnetómetro

 Aplicación práctica

Usted se encuentra revisando las condiciones ambientales de las instalaciones donde se ubican los equipos informáticos de su organización y detecta que es posible que el ruido emitido por la maquinaria sea excesivo. ¿Qué herramienta debe utilizar para medir el ruido de la sala? ¿Cuáles serían los límites aceptables?

En caso de detectar un ruido excesivo en la sala, ¿qué actuaciones serían recomendables para mantener un nivel adecuado?

SOLUCIÓN

El aparato utilizado para la medición del ruido de una habitación determinada es el sonómetro. Realiza las mediciones utilizando como unidad de medida el decibelio (dB).

Los decibelios máximos recomendados se encuentran entre los 30 dB y los 50 dB.

Si el nivel de decibelios obtenido es superior al recomendado es necesario tomar medidas que ayuden a reducirlos como:

▎ Distribuir los equipos en varias salas para mitigar el ruido.
▎ Mejorar el aislamiento acústico de la sala para reducir el máximo posible la contaminación acústica que provenga del exterior.
▎ Cambiar parte del *hardware* que genere más ruido por otros componentes más silenciosos.

Actividades

12. Ponga ejemplos de dispositivos de su oficina o de su hogar que puedan afectar negativamente a los campos electromagnéticos existentes.

3.2. Revisar especificaciones de los fabricantes del *hardware*

Aunque ya se han comentado las especificaciones ambientales generales recomendadas para los elementos de *hardware,* es aconsejable revisar las instrucciones de cada componente para verificar que se están cumpliendo las condiciones adecuadamente.

Habitualmente las instrucciones tienen un apartado "especificaciones" en el que se determina cuáles son las condiciones en las que el funcionamiento es óptimo.

Especificación de condiciones ambientales		
Temperatura ambiente de funcionamiento		Mínimo: - 20 °C Máximo: + 50 °C (Par constante)
Temperatura de almacenamiento		Mínimo: - 40 °C Máximo: + 70 °C (Par constante)
Altitud		1000 m
Derating potencia por altitud		> 1000 m, 1% P_N (kW) cada 100 m; 4000 m máximo
Humedad relativa		< 95%, sin condensación
Grado de protección	Armario del filtro	IP20 para las tallas 1 a 4 IP42 para las tallas 5 a 11
	Armario del variador	IP20, IP54
Vibración		Flexión 0.075 mm a 10 Hz - 57 Hz; Aceleración 9.8 m/s² a 57 Hz - 150 Hz
Resistencias de caldeo		Opcionales

Aunque en numerosas ocasiones no se hace referencia a todos los factores ambientales que afectan realmente al elemento *hardware,* lo más habitual es encontrar información referente a:

- Temperatura.
- Humedad relativa.
- Altitud máxima de funcionamiento.

 **Ejemplo**

Las condiciones de funcionamiento óptimo de un ordenador de sobremesa *Apple* se muestran en la siguiente imagen:

Requisitos eléctricos y de funcionamiento	Tensión: de 100 a 240 V de CA
	Frecuencia: de 50 a 60 Hz, monofásica
	Temperatura de funcionamiento: de 10 a 35 °C
	Humedad relativa: del 5 al 95% sin condensación
	Altitud máxima de funcionamiento: probado hasta 3.000 m

Como se puede observar, en este ordenador de sobremesa se recomienda una temperatura ambiente entre los 10 °C y los 35 °C para garantizar un funcionamiento eficiente. Además, se muestra que la humedad relativa que mantiene su funcionamiento óptimo está en el intervalo del 5 % al 95 % sin condensación.

Las recomendaciones de factores ambientales variarán según el elemento *hardware* y el diseño de las instrucciones, habiendo incluso instrucciones que formulan consejos para que su utilización sea la más adecuada y óptima.

En la siguiente imagen se muestran las condiciones ambientales óptimas y las recomendaciones de seguridad para un equipo de sobremesa *Asus:*

Información de seguridad

 Desconecte el cable de alimentación AC y todos los periféricos conectados antes de limpiar el equipo. Limpie el equipo de sobremesa empleando una esponja de celulosa limpia o una gamuza humedecida en una solución de detergente suave y algunas gotas de agua templada; elimine después la humedad restante con un paño seco.

- **NO** coloque el equipo sobre una superficie irregular o inestable. Solicite asistencia técnica si la carcasa resulta dañada.
- **NO** instale el equipo en entornos sometidos a niveles elevados de suciedad o polvo. **NO** use el equipo durante una fuga de gas.
- **NO** coloque objetos ni los deje caer sobre la parte superior del equipo de sobremesa; no introduzca materiales extraños en el interior del mismo.
- **NO** someta el equipo a campos magnéticos o eléctricos de gran intensidad.
- **NO** exponga el equipo a líquidos, lluvia o humedad, ni lo use cerca de ninguno de tales elementos. **NO** use el módem durante tormentas eléctricas.
- Advertencia de seguridad acerca de la batería: **NO** elimine la batería arrojándola al fuego. **NO** cortocircuite los contactos de la batería. **NO** desmonte la batería.
- Use este producto en entornos sometidos a una temperatura ambiente comprendida entre 0 ˚C (32 ˚F) y 35 ˚C (95 ˚F).
- **NO** cubra los orificios de ventilación del equipo de sobremesa para evitar que el sistema se caliente en exceso.
- **NO** use cables de alimentación, accesorios o periféricos de otro tipo dañados.
- A fin de evitar posibles descargas eléctricas, desconecte el cable de alimentación de la toma de suministro eléctrico antes de cambiar la posición del sistema.
- Consulte con un profesional antes de usar un adaptador o cable prolongador. Tales dispositivos podrían impedir el correcto funcionamiento del circuito de conexión a tierra.
- Asegúrese de que la fuente de alimentación se encuentre configurada al nivel de voltaje correspondiente a su región. Si no está seguro del nivel de voltaje que entrega la toma de suministro eléctrico que está usando, póngase en contacto con la compañía eléctrica.
- No intente reparar la fuente de alimentación personalmente si se avería. Póngase en contacto con un técnico de mantenimiento autorizado o con su distribuidor.

Factores y requisitos de funcionamiento de un equipo de sobremesa Asus

En estas instrucciones, además de las especificaciones ambientales que debe cumplir la sala donde se ubique el equipo, se formulan recomendaciones que pueden ayudar a controlar factores ambientales como la temperatura, agua, humedad, tormentas eléctricas, etc.

Por ejemplo, en uno de sus puntos se recomienda ubicar el equipo de sobremesa en sitios donde la acumulación de polvo sea mínima. En otro de ellos se recomienda evitar la exposición del equipo a los líquidos y a la humedad.

Actividades

13. Busque en las instrucciones de su ordenador personal cuáles son los requisitos de funcionamiento. ¿Está incumpliendo alguno de ellos?

3.3. Establecer rangos de uso de los parámetros para el equipamiento

Aunque ya se han visto, en la siguiente tabla se establecen los rangos de uso de los principales parámetros para el equipamiento *hardware* de un sistema de información:

RANGOS DE USO DE LOS PARÁMETROS DE LOS FACTORES AMBIENTALES

Factor ambiental/parámetro	Rango de uso óptimo	Rango de uso máximo
Temperatura	18 °C - 24 °C	0 °C – 35 °C
Humedad	30 % - 55 %	5 % -95 %
Ruido	30 dB - 50 dB	-
Vibración continua	4 m/s^2	-
Vibración transitoria	12 m/s^2	128 m/s^2
Campo electromagnético	200 - 300 microteslas	500 microteslas

Como se puede observar, hay ciertos factores que no tienen un rango en sí, sino que poseen un parámetro aconsejable y otro parámetro máximo para una utilización óptima del elemento *hardware*.

Este hecho se debe a que estos factores con un solo parámetro (y no un rango) no tienen límites inferiores, sino que cuanto menor sea el valor, mejor será el funcionamiento del *hardware*.

Por ejemplo, los equipos informáticos mejoran su funcionamiento a menor vibración, es más, la situación ideal sería ubicarlos en una zona donde la vibración sea mínima o nula.

Lo mismo pasa con el ruido y los campos electromagnéticos, a menor valor, mejor funcionamiento del *hardware.*

4. Comprobar la calidad del suministro industrial

Aunque la evaluación de las condiciones ambientales de la zona en la que se van a ubicar los equipos informáticos es fundamental para garantizar que estos funcionen de un modo óptimo y con la menor probabilidad y frecuencia de fallos posible, no son el único factor a evaluar.

Además de las condiciones ambientales habrá que verificar que el suministro industrial está proporcionado de un modo óptimo y cumpliendo con ciertos estándares de calidad.

Con un suministro industrial de calidad se garantiza también la minimización de los fallos en los equipos informáticos y un buen funcionamiento de los mismos, reduciendo los problemas relativos a condiciones ambientales como temperatura o humedad, entre otros.

Por ejemplo, unos aires acondicionados que funcionen correctamente contrarrestan la temperatura exterior y garantizan que la temperatura interior esté dentro del rango deseado.

Para minimizar los efectos de los factores ambientales la organización debe comprobar la calidad del suministro industrial en dos puntos fundamentales:

Más concretamente habrá que revisar la calidad de:

- **Instalación eléctrica:** mediante la comprobación de la capacidad de la instalación, verificando que cumple con los valores esperados de consumo y el correcto funcionamiento de los SAI.
- **Instalación de refrigeración:** mediante la comprobación de las especificaciones del acondicionamiento de frío y el correcto cumplimiento con los requerimientos de las especificaciones técnicas de los componentes *hardware* de cada habitación.

4.1. Comprobar la instalación eléctrica: comprobar que la capacidad de la instalación eléctrica cumple con los valores esperados de consumo y comprobar la conexión del equipamiento a circuitos filtrados por SAI

Una instalación eléctrica de calidad garantiza que se produzcan menos interrupciones del suministro y se minimice la posibilidad de apagones inesperados que dañen la información de los equipos informáticos.

Para conocer la calidad de la instalación eléctrica deben evaluarse dos factores fundamentales:

- La capacidad de la instalación para determinar si la potencia contratada es suficiente, excesiva o insuficiente.
- La utilización de SAI que garanticen la continuación del funcionamiento de los equipos electrónicos ante posibles interrupciones en el suministro de energía.

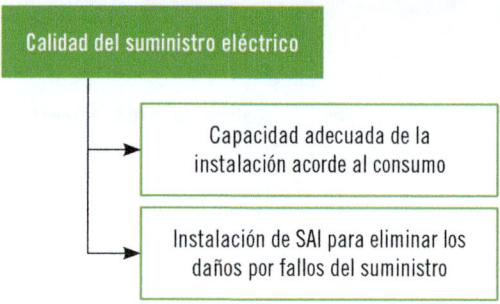

 Actividades

14. Señale cuál es la finalidad de un SAI. ¿Puede utilizarse también en hogares?

Comprobar que la instalación eléctrica cumple con los valores esperados de consumo

Atendiendo al consumo esperado de los equipos informáticos, y a la cantidad de equipos y dispositivos conectados simultáneamente, se debe determinar la potencia que la organización debe contratar a la compañía del suministro eléctrico.

La elección de qué potencia contratar es un factor imprescindible a considerar, ya que si se contrata más potencia de la necesaria se incurre en elevados costes completamente innecesarios.

Sin embargo, si la potencia contratada es inferior a la necesaria, se producirán continuas interrupciones del suministro eléctrico debido a las sobrecargas eléctricas.

Estas interrupciones inesperadas, aparte de provocar la pérdida de la información sobre la que se estaba trabajando en ese momento, también tiene efectos nocivos sobre los equipos y dispositivos informáticos: las interrupciones frecuentes deterioran con mayor velocidad el estado de estos equipos y componentes, pudiendo llegar a inutilizarlos en algunas situaciones.

Aunque los fallos de suministro eléctrico se pueden solventar momentáneamente con la instalación de sistemas de alimentación interrumpida o SAI, no se considera buena opción contratar menos potencia de la necesaria para tener menos coste eléctrico: a la larga los costes pueden ser incluso mayores por el deterioro de los equipos y los SAI.

Nota

Los Sistemas de Alimentación Ininterrumpida o SAI son conocidos también como UPS, de su nombre en inglés *(Uninterruptible Power Supply)*.

La elección de qué potencia contratar es una elección un poco a ciegas, ya que resulta difícil determinar con exactitud y precisión cuántos equipos y dispositivos se van a conectar a la vez y cuál va a ser el consumo de cada uno de ellos.

Ejemplo

En una oficina con aire acondicionado y calefacción por gas natural no se necesitará la misma potencia en verano que en invierno, ya que en verano se requerirá mayor potencia por el elevado consumo de los aparatos de aire acondicionado, mientras que en invierno la potencia necesaria será menor al no ser los calefactores eléctricos.

La potencia necesaria para el correcto funcionamiento de los equipos de la instalación depende de dos factores clave:

- Por una parte, depende del tipo y de la cantidad de los aparatos eléctricos que se utilizan en las instalaciones.
- Por otra parte, la potencia necesaria de las instalaciones depende de la potencia de cada uno de los aparatos que van a estar conectados.

De este modo, no se contratará la misma potencia para unas instalaciones con numerosos aparatos eléctricos que requieren poca potencia, que unas instalaciones con muy pocos aparatos eléctricos, pero que requieren una potencia muy elevada.

Importante

La potencia necesaria depende de la cantidad y consumo de los aparatos electrónicos conectados a la vez, por lo que además de evaluar los factores comentados, deberá verse si es necesario tener conectados todos los aparatos simultáneamente o si se puede desconectar alguno para disminuir el consumo y la potencia contratada.

La evaluación de la instalación eléctrica y la potencia contratada para saber si es la adecuada al consumo actual o esperado de unas instalaciones se realiza de un modo diferente según el momento de la evaluación:

- Si se realiza antes de tener contratada la luz.
- Si se realiza cuando ya se dispone de suministro eléctrico contratado.

Si aún no se dispone de suministro eléctrico en las instalaciones

Si aún no se dispone de suministro eléctrico lo primero que debe hacerse es mirar el boletín eléctrico.

Este boletín es un documento que acredita el buen estado de la instalación y si se dispone de una instalación monofásica o trifásica. Además, se indica la potencia eléctrica recomendada y la potencia máxima.

 Nota

Las instalaciones monofásicas se utilizan sobre todo en instalaciones domésticas, mientras que las trifásicas se utilizan para instalaciones que requieren una mayor potencia contratada, lo que las hace más apropiadas para las empresas y organizaciones.

Hay que tener en cuenta que la potencia máxima indica el límite que no podrá sobrepasarse en los momentos de elevado consumo eléctrico, ya que no aguantaría la instalación y se producirían cortes y sobrecargas con demasiada frecuencia.

Si la potencia estimada es superior a la recomendada pero inferior a la potencia máxima, simplemente habrá que ajustarla elevando la potencia a contratar hasta la estimada (o incluso algo más por si surge cualquier pico de luz o cualquier imprevisto).

DOCUMENTACIÓN TÉCNICA DE INSTALACIÓN ELÉCTRICA DE BAJA TENSIÓN
PARA INSPECCIONES PERIÓDICAS

1 - TITULAR

NOMBRE / RAZON SOCIAL	
DIRECCIÓN	

LOCALIDAD		CÓDIGO POSTAL	
PROVINCIA		TELÉFONO	

2 - DATOS DE LA INSTALACIÓN

DIRECCIÓN	

LOCALIDAD		CÓDIGO POSTAL	
MUNICIPIO			

USO A QUE SE DESTINA	

POT. MAX. ADM. (S. N.)	W	I. G.	A	TENSIÓN	V
POT. MAX. ADM. (S. C.)	W	I. G.	A	TENSIÓN	V

LGA/DI	SN	SC			
LONG.			CLASIFIC. DE LA INSTALAC	ION	
SECC.			SUPERFICIE TOTAL DEL LOCAL	(M2)	
COND.					

3 – REGLAMENTO DE BT APLICABLE

D. 2413/1973 DE 20 DE SEPTIEMBRE
R. D. 842/2002 DE 2 DE AGOSTO

4 - AUTOR DE LA MEMORIA

D.		NIF

DIRECCIÓN			
LOCALIDAD		CÓDIGO POSTAL	
PROVINCIA		TELÉFONO	

EMPR. INSTAL. A LA QUE PERTENECE	

Nº DE EMPRESA INSTALADORA		CATEGORIA	BASICA (IBTB)
			ESPECIALISTA (IBTE)

COLEGIO PROFESIONAL	
Nº DE COLEGIADO	

Certifica que la empresa en la que presta sus servicios ha ejecutado esta instalación de acuerdo con las prescripciones del vigente Reglamento Electrotécnico para Baja Tensión y, en su caso con las especificaciones particulares aprobadas a la Compañía eléctrica, así como, según corresponda, con el Proyecto o la Memoria Técnica de Diseño, habiendo realizado las verificaciones establecidas en la norma (UNE-20460.6.61) en relación con la ITC BT 05 con resultado satisfactorio. Declara que ha entregado el anexo de usuario al titular de la instalación.

A   DE   DE   20___

BT - 02   REV. - 01   (09-03)

Boletín eléctrico

Si ya se dispone de suministro eléctrico en las instalaciones

Si ya se dispone de suministro eléctrico en las instalaciones de la organización debe evaluarse si la potencia contratada es la adecuada para el consumo habitual de los aparatos eléctricos conectados.

De antemano, si se producen sobrecargas e interrupciones en el suministro con mucha frecuencia cuando hay varios aparatos conectados a la vez, es muy probable que la potencia contratada sea insuficiente y sea necesario solicitar un incremento a la compañía eléctrica.

Si no se producen estas interrupciones, es posible que ocurran dos circunstancias:

▪ Que la potencia contratada sea la adecuada, en cuyo caso no habrá que hacer nada, ya que es la situación más idónea.
▪ Que haya contratada una potencia superior a la necesaria, por lo que se recomienda bajar la potencia contratada hasta el consumo habitual de la organización.

Para comprobar la potencia necesaria respecto al consumo de los equipos informáticos y demás aparatos electrónicos necesarios para el correcto funcionamiento y servicio de la organización pueden utilizarse dos métodos con cierta fiabilidad:

▪ **Método exacto:** se trata del método más adecuado y preciso para medir el consumo eléctrico que hay en unas instalaciones sin poner en peligro los aparatos electrónicos conectados en estas. Este método consiste en utilizar unos medidores específicos de consumo. Se utiliza el medidor durante varios días para determinar el consumo máximo de estos días y ese será el valor de la potencia eléctrica recomendada. Se puede contratar algo más para cubrir épocas de alto consumo eléctrico sin tener interrupciones de energía.

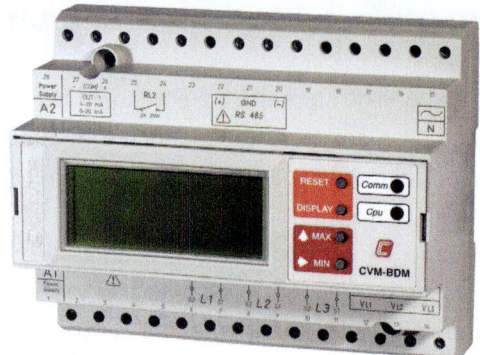

Medidor de potencia en instalaciones trifásicas

▌ **Método de prueba y error:** este método no indica la potencia exacta necesaria, sino que muestra hasta cuántos aparatos electrónicos se pueden conectar a la vez sin que haya interrupciones. Consiste en conectar varios aparatos y dispositivos al ICP de forma simultánea para comprobar si aguanta. Si salta el ICP, significa que la potencia es insuficiente y se requiere elevarla. El ICP (interruptor de control de potencia) es el interruptor instalado en el cuadro eléctrico que salta e interrumpe el suministro en caso de consumir más potencia de la contratada.

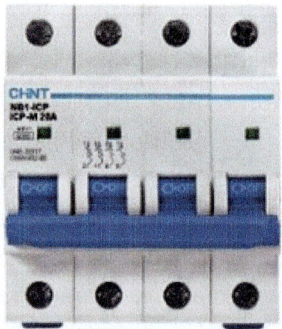

Interruptor de control de potencia o ICP

Actividades

15. Busque qué potencia tiene contratada en su hogar en la última factura facilitada por su proveedor de suministro eléctrico.

Aplicación práctica

Usted se encuentra planificando la contratación de suministro eléctrico en unas instalaciones nuevas donde pretende instalar una serie de equipos informáticos. Viendo el boletín, la compañía de suministro le recomienda la contratación de una potencia de 7 Kw y le indica que la potencia máxima que soporta la instalación está en 15 Kw. Teniendo en cuenta que, según sus previsiones, la potencia estimada que va a necesitar es de 10 Kw, ¿podría utilizar los equipos en las instalaciones nuevas o debería cambiar de ubicación?

SOLUCIÓN

Como la potencia estimada que se va a necesitar para la utilización de los equipos informáticos (10 Kw) es inferior a la potencia máxima que soporta la instalación (15 Kw), se pueden utilizar perfectamente estas instalaciones para la ubicación y utilización de los equipos.

Aunque la potencia recomendada es inferior, lo único que habría que hacer es contratar más potencia de la recomendada que pueda soportar la carga y potencia estimadas.

Comprobar la conexión del equipamiento a circuitos filtrados por los SAI

Las interrupciones del suministro eléctrico provocadas tanto por factores externos (tormentas eléctricas, viento, obras cerca de las instalaciones, etc.), como por factores internos (sobrecargas, cortocircuitos, etc.), pueden provocar pérdidas importantes de información y la avería de ciertos equipos y dispositivos informáticos y/o electrónicos.

Una manera de solventar la problemática de estas interrupciones es la conexión de los equipos informáticos a circuitos que estén filtrados por SAI.

Los SAI o Sistemas de Alimentación Ininterrumpida (conocidos también como UPS *Uninterruptible Power Supply)* son dispositivos que suministran energía eléctrica a los equipos cuando se produce algún fallo en el suministro de electricidad en las instalaciones de la organización.

Este suministro complementario facilitado por los SAI permite que los usuarios sigan trabajando durante varios minutos, dándoles el tiempo suficiente para guardar los archivos con los que estaban trabajando y a apagar los equipos de un modo seguro, evitando así posibles averías.

 Nota

Además de proteger los equipos informáticos de las interrupciones del suministro eléctrico, los SAI también sirven para mejorar la calidad de la electricidad que llega a dichos equipos mediante el filtrado de las subidas y bajadas de tensión, evitando el riesgo de averías provocadas por estas variaciones.

Su funcionamiento básico es la utilización de baterías que se activan en el momento en el que sucede el fallo de suministro eléctrico.

Es importante mencionar que los SAI suministran energía eléctrica a los dispositivos que tienen conectados por un corto espacio de tiempo, por lo que no se deben utilizar como sustitutivo del suministro de energía de la compañía eléctrica. Simplemente son una salvaguarda para los equipos, facilitando la energía justa para almacenar la información y apagar todos los equipos de un modo correcto, adecuado y ordenado.

Tipos de SAI

Según el tipo de corriente requerida y sus principales funcionalidades se distinguen cinco tipos de SAI:

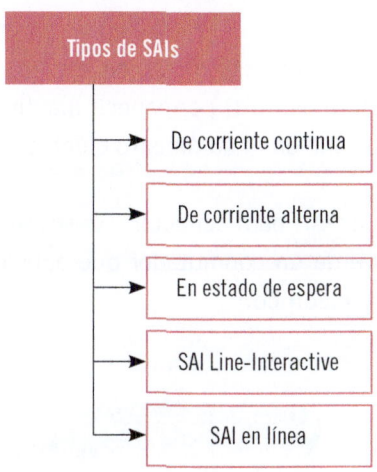

SAI de corriente continua

Los SAI de corriente alterna son aquellos que transforman la corriente alterna de la red comercial a corriente continua que utilizarán para cargar y almacenar la carga en sus baterías.

Teniendo en cuenta que las cargas conectadas a los SAI necesitan alimentación de corriente continua, los SAI de corriente alterna no necesitarán convertidores entre las baterías y las cargas.

SAI de corriente alterna

Al contrario de los SAI de corriente continua, los SAI de corriente alterna necesitan un convertidor que transforme la corriente continua de las baterías en corriente alterna que pueda ser recibida por los equipos conectados a estas.

SAI en estado de espera o *stand-by power systems*

Estos sistemas disponen de dos circuitos fundamentales:

❙ Por un lado la alimentación de línea.
❙ Por otro lado el circuito SAI.

Se llaman sistemas *stand-by* o en espera, ya que el circuito alternativo (el circuito del SAI) permanece inactivo o en espera hasta que se produce un fallo en el suministro eléctrico.

Este tipo de SAI, para conectar y desconectar cada uno de los circuitos, dispone de un conmutador que activa el circuito SAI cuando hay algún fallo eléctrico.

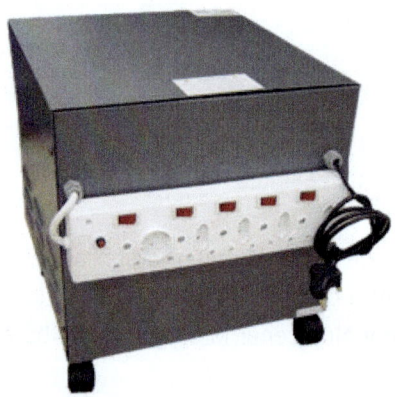

SAI en estado de espera

SAI *line interactive (inline)*

Los SAI *line interactive* son sistemas que suministran energía a los dispositivos cuando hay algún corte de electricidad, pero que además regulan las variaciones de la tensión de la red.

Para ello utilizan baterías que elevan o reducen la tensión de la red y así mantienen un nivel estable y regular.

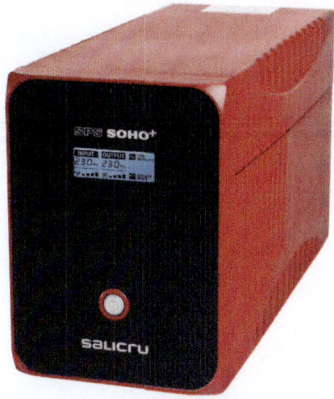

SAI line interactive o SAI inline

SAI en línea *(online)*

En los SAI en línea tanto la batería como el circuito del SAI son utilizados permanentemente sin que haya un conmutador que active o desactive su funcionamiento.

De este modo se garantiza una mayor capacidad de respuesta tanto en tiempo como en forma cuando hay algún fallo de suministro de la red eléctrica.

SAI en línea

Actividades

16. Ponga ejemplos de posibles utilizaciones para cada uno de los tipos de SAI descritos en este apartado.

Cálculo de la carga de un SAI

Independientemente del tipo de SAI al que se van a conectar los equipos de la organización, hay que tener en cuenta la carga máxima que estos pueden soportar y si es suficiente para conectar en ellos todos los equipos deseados.

Si la carga no fuese suficiente para soportar varios equipos informáticos será necesaria la utilización de SAI adicionales para distribuir las cargas entre varios de ellos.

La carga máxima que puede soportar un SAI se denomina "potencia aparente" (S) y utiliza la unidad de medida "voltamperios" o VA.

La carga máxima que soporta un SAI se puede comprobar en las especificaciones de las instrucciones o en la parte trasera del aparato:

	Especificaciones de un SAI	
	Modelos 230V
Modelo	SAI 5110 350i
	SAI 5110 500i
	SAI 5110 700i
	SAI 5110 1000i
	SAI 5110 1500i

Continúa en página siguiente >>

<< Viene de página anterior

Especificaciones de un SAI	
Capacidad	350 VA / 210 W 500 VA / 300 W 700 VA / 420 W 1000 VA / 600 W 1500 VA / 900 W
Margen de ajuste de la tensión de entrada	178 - 275 Vac
Margen de ajuste de la tensión de salida	207 - 250 Vac
Frecuencia	50 - 60 Hz con sensor automático
Salidas	4 para supresión de sobretensiones y alimentación con batería; 4 para supresión de sobretensiones solamente
Supresión de sobretensiones/rayos	476 julios
Tiempo de transferencia a batería o CA	Normalmente de 2 a 6 milésimas de segundo
Tipo de batería	Batería de plomo sin goteos, sellada y sin necesidad de mantenimiento
Especificaciones de la batería	350 VA: 12 V 5 Ah 500 VA: 12 V 5 Ah 750 VA: 12 V 7 Ah 1000 VA: 12 V 7 Ah x 2 1500 VA: 12 V 9 Ah x 2
Duración normal de la energía auxiliar	Entre 3 y 5 minutos en situación de plena carga
Protección de teléfono/módem ADSL	Conector RJ11/cable RJ11
Protección contra cortocircuitos	Disyuntor rearmable
Puerto de comunicación	USB
Temperatura de funcionamiento	Entre 0 ºC y 40 ºC
Humedad relativa de funcionamiento	Entre -15 ºC y 50 ºC
Peso neto	350 VA: 5.5 kg 500 VA: 5.7 kg 700 VA: 7.7 kg 1000 VA: 11.8 kg 1500 VA: 12 kg

Continúa en página siguiente >>

<< Viene de página anterior

Especificaciones de un SAI	
Dimensiones (ancho x hondo x alto)	350 VA & 500 VA & 700 VA: 87x270x260 (mm) 1000 VA & 1500 VA: 87x270x384 (mm)

Como se puede observar en la imagen superior, en el apartado de "Capacidad" se ven los VA que pueden soportar los distintos tipos de SAI a los que hacen referencia las instrucciones. Por ejemplo, el modelo SAI 5110 351i soporta una carga máxima de 350 voltamperios.

Para calcular la capacidad máxima de carga de un SAI pueden utilizarse dos factores:

- Vatios (W).
- Voltamperios (VA).

Siendo la relación existente entre estos la siguiente:

$$VATIOS = FACTOR\ DE\ POTENCIA \times VOLTAMPERIOS$$

El factor de potencia varía según el SAI y el fabricante, pero habitualmente es de 0,6.

Por ejemplo, si se observan las especificaciones del SAI mostradas en páginas anteriores, se indica que la capacidad del SAI es de 350 VA/210 V.

Si se divide el voltaje entre la potencia aparente se obtiene el factor de potencia, siendo este de: 210/350 = 0,6.

Entonces, si se quiere determinar cuántos equipos van a poder conectarse a un solo SAI bastará con ver las especificaciones de los equipos y sumar la potencia aparente de todos los equipos.

Si no se dispone de la potencia aparente de los equipos, esta deberá calcularse multiplicando la potencia máxima por el factor de potencia. Por ejemplo, teniendo un equipo con potencia máxima de 500 W y otro con potencia máxima de 400 W y el factor de potencia es de 0,6, la potencia aparente estimada será de:

- Potencia aparente estimada de un equipo = 500 x 0,6 = 300 VA.
- Potencia aparente estimada del otro equipo = 240 VA.
- Potencia aparente estimada de ambos equipos = (500 + 400) x 0,6 = 900 x 0,6 = 540 VA.

Con estos datos habría dos opciones:

- Buscar un SAI que tenga capacidad suficiente para soportar ambos equipos (mínimo 540 VA).
- Buscar dos SAI con menor capacidad pero siendo esta suficiente para soportar la potencia aparente estimada de cada equipo por separado: uno que soporte por lo menos 300 VA y otro que soporte como mínimo 240 VA.

 Nota

Se recomienda dar un cierto margen de potencia aparente como carga máxima del SAI para tener en cuenta los dispositivos que están conectados al equipo. En general, se suele añadir un 30 % más de potencia aparente a la del equipo para determinar la carga máxima.

 Actividades

17. Indique cuál es la diferencia entre los vatios y los voltamperios. ¿Por qué se utilizan ambas medidas para determinar la carga máxima de un SAI?

Aplicación práctica

Usted está valorando la utilización de un SAI para garantizar la continuidad del funcionamiento de dos equipos informáticos concretos cuya potencia máxima de cada uno de ellos es de 200 W y 300 W. Sabiendo que el factor de potencia es de 0,6 y que el SAI soporta como máximo 500 VA, ¿podrían conectarse ambos equipos al SAI del que dispone?

SOLUCIÓN

Para comprobar si el SAI puede soportar la conexión de ambos equipos hay que conocer previamente la suma de su potencia aparente estimada (sumando su potencia máxima y multiplicándolo por el factor de potencia):

Potencia aparente estimada = (200 + 300) x 0,6 = 500 x 0,6 = 300 VA.

Como la potencia aparente estimada es inferior al máximo que soporta el SAI (300 VA < 500 VA) se podrán conectar ambos equipos sin que se produzca ningún problema cuando falle el suministro eléctrico.

4.2. Comprobar la instalación de refrigeración: revisar las especificaciones del acondicionamiento de frío y comprobar que cumple con los requerimientos de refrigeración esperados en base a las especificaciones técnicas del equipamiento hardware

Como ya se ha ido comentando a lo largo del capítulo, la temperatura es uno de los factores ambientales que afecta con mayor calibre a los equipos informáticos. Una temperatura demasiado elevada o una temperatura demasiado baja pueden mermar la eficiencia en el funcionamiento de los equipos, pudiendo provocar fallos y averías en ocasiones irreversibles.

Por ello se recomienda que la sala en la que se ubiquen los equipos informáticos esté dotada con suficientes aparatos de acondicionamiento del aire y de refrigeración necesarios para mantenerla en una temperatura adecuada según las especificaciones técnicas del equipamiento *hardware.*

Así, si las especificaciones técnicas indican que la temperatura idónea de funcionamiento de un equipo está entre los 10 ºC y 35 ºC (como en la imagen siguiente), lo recomendable es que la sala en la que se ubique esté en una temperatura dentro de este intervalo en la que se pueda trabajar de un modo confortable.

Requisitos eléctricos y de funcionamiento	Tensión: de 100 a 240 V de CA
	Frecuencia: de 50 a 60 Hz
	Temperatura de funcionamiento: de 10 a 35 ºC
	Temperatura de almacenamiento: de –25 a 45 ºC
	Humedad relativa: del 0 al 90% sin condensación
	Altitud de funcionamiento: probado hasta 3.000 m
	Altitud máxima de almacenamiento: 4.500 m
	Altitud máxima de transporte: 10.500 m

Especificaciones de un equipo MacPro

Es recomendable que los equipos, además de estar debidamente ventilados, se ubiquen en sitios libres de polvo y dentro de los límites especificados de temperatura y humedad.

En ambientes con temperaturas demasiado elevadas se recomienda la utilización de sistemas de refrigeración, como equipos de aire acondicionado y equipos de climatización que realicen las funciones básicas de mantenimiento de la temperatura del aire en los límites requeridos: sea extrayendo el calor de la sala o bien haciendo circular el aire de esta para mantener la humedad relativa en condiciones adecuadas.

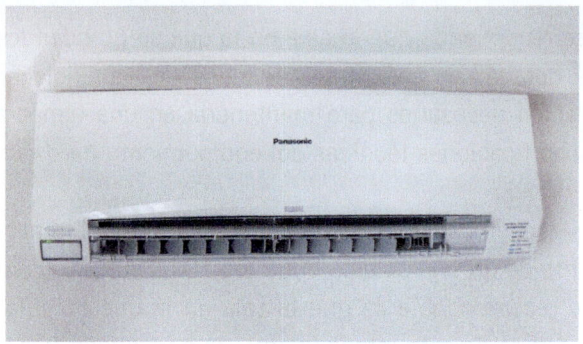

Aparato de aire acondicionado (© Fotografía: Keith Williamson Vía Web - CC BY 2.0)

Para controlar la temperatura de la sala donde se ubican los equipos bastará con programar los aparatos de climatización a través de un panel de control en el que se indique la temperatura a mantener en el ambiente.

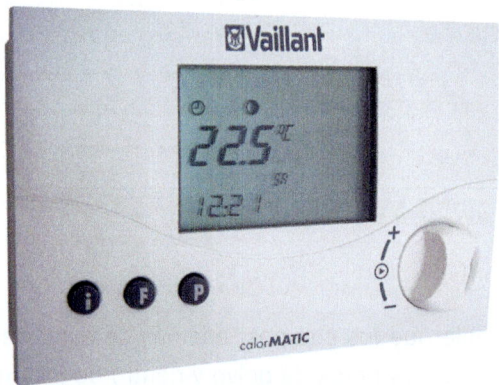

Cuadro de control de un aparato de aire acondicionado (© Fotografía: Andy Butkaj Vía Web - CC BY 2.0)

 ## Actividades

18. Conteste si dispone de aire acondicionado en la habitación donde se encuentra su ordenador personal. Viendo sus requerimientos de funcionamiento, ¿consideraría la utilización de estos para regular la temperatura de la sala?

5. Diseñar la ubicación de los equipos en la sala

Una vez conocidos los factores ambientales que pueden afectar a los equipos informáticos ubicados en unas instalaciones específicas, el siguiente paso consiste en diseñar la ubicación de los equipos dentro de dichas instalaciones.

Para que el diseño de la ubicación y de la distribución de los equipos sea la adecuada, además de los factores ambientales, deben tenerse en cuenta dos factores de especial relevancia:

- Ergonomía.
- Seguridad laboral.

La ergonomía es una disciplina cuya función principal es diseñar lugares de trabajo, herramientas y tareas que se adapten con facilidad a las características, tareas y capacidades de un trabajador. En referencia a los equipos informáticos es necesario tener en cuenta la ergonomía de los distintos componentes de modo que su distribución sea lo más cómoda posible para los usuarios.

Ergonomía en la utilización de un equipo informático

En cuanto a la seguridad laboral, hay una serie de normativas de seguridad en los espacios de trabajo (en materia de prevención de riesgos laborales) que deben tenerse en cuenta en el momento de hacer su diseño y distribución, considerando que no se puede poner en peligro la salud de ninguno de los usuarios de los equipos.

Para tratar de respetar tanto las condiciones ergonómicas como la normativa de seguridad laboral vigente hay que diseñar varios aspectos de la distribución de los elementos dentro de una sala:

- En primer lugar hay que elegir la distribución de los equipos informáticos dentro de la habitación.
- Una vez elegida la distribución de los equipos se deberá decidir cómo va a ser la colocación de sus componentes dentro de la ubicación decidida. Por ejemplo, habrá que establecer en qué posición deberá colocarse una pantalla una vez decidida la mesa en la que se ubicará el equipo informático de la que forma parte.

A continuación se describen las recomendaciones y consejos que deben considerarse para la toma de decisiones de ubicación de los equipos informáticos y de sus componentes específicos.

 Actividades

19. Busque información adicional sobre las normativas de seguridad laboral vigentes en materia de prevención de riesgos laborales.

5.1. Diseñar la distribución

Como ya se ha comentado anteriormente, una vez decididas las instalaciones en las que se van a ubicar los equipos informáticos es necesario diseñar la distribución de dichos equipos dentro de las habitaciones y salas de las instalaciones.

El diseño de la distribución deberá tenerse en cuenta tomando como referencia la influencia de los factores ambientales que pueden afectar a los diferentes elementos de *hardware* de un sistema de información.

Siguiendo las recomendaciones ambientales indicadas en las instrucciones de los equipos informáticos y de sus dispositivos, la distribución de los mismos deberá poder mantener las condiciones ambientales más adecuadas en cuanto a:

- Humedad relativa.
- Temperatura.
- Agua/líquidos.
- Campos electromagnéticos.
- Incendios.
- Polvo.

En la tabla siguiente se muestran las recomendaciones que deben tenerse en cuenta para el diseño de la distribución de los equipos en una sala, tomando en consideración los principales factores ambientales a los que están expuestos:

RECOMENDACIONES PARA EL DISEÑO DE LA DISTRIBUCIÓN DE LOS EQUIPOS INFORMÁTICOS DENTRO DE UNA SALA	
Humedad relativa	- Ubicación de los equipos en salas donde la humedad relativa esté dentro del rango adecuado.
Temperatura	- Ubicar los equipos con la mayor distancia posible entre ellos para evitar sobrecalentamientos innecesarios. - Colocarlos lo más alejados posible de las ventanas donde tengan contacto directo con el sol. - Evitar el contacto directo del aire de los sistemas de refrigeración con los equipos informáticos. - Situar los equipos en zonas con espacio suficiente de ventilación (por ejemplo, no se recomienda ubicarlos en sitios en los que estén rodeados de estanterías y papeles).

Continúa en página siguiente >>

<< Viene de página anterior

RECOMENDACIONES PARA EL DISEÑO DE LA DISTRIBUCIÓN DE LOS EQUIPOS INFORMÁTICOS DENTRO DE UNA SALA	
Agua/líquidos	- Ubicar los equipos en salas con ventanas debidamente aisladas. - Se recomienda situarlos lejos de las ventanas, donde no se vean afectados si entra agua por su mal aislamiento. - Los equipos no deben colocarse en la planta baja para evitar posibles inundaciones.
Campos electromagnéticos	- Los equipos deben ubicarse lo más alejados posible de zonas donde los campos electromagnéticos sean elevados como, por ejemplo, cerca de microondas, salas próximas a torres de alta tensión, etc. - Además, deben estar colocados separadamente para evitar que las ondas electromagnéticas puedan interferir en la utilización de los demás equipos.
Incendios	- Ubicación de los equipos con mayor temperatura cerca de extintores debidamente comprobados y revisados. - Evitar ponerlos cerca de materiales inflamables y/o explosivos. - La sala debe haber sido pintada con pintura ignífuga. - El mobiliario también debe ser lo menos sensible a la temperatura posible. - Instalación de detectores de incendios y humos en las salas donde se ubiquen los equipos.
Polvo	- Colocación de los equipos en zonas alejadas de puertas y ventanas donde el polvo pueda acceder con facilidad. - Ubicación en zonas con el mínimo tráfico de gente posible.

Estudio de la ubicación y la protección física de los equipos informáticos y de los componentes *hardware*

La ubicación de los equipos informáticos dentro de una sala concreta debe ser estudiada recopilando información sobre todos los equipos que se van a instalar y de los dispositivos y cableado que deberán incorporarse.

Todo ello con la finalidad de especificar las medidas de seguridad física del sistema desde el punto de vista del acondicionamiento físico y de las condiciones ambientales adversas.

Es de lógica que cuantos más elementos de *hardware* vayan a utilizarse en una sola habitación, más riesgo hay de sufrir cualquier percance y, por tanto, serán necesarias unas medidas de seguridad mayores.

En una sala básica en la que se instalen por ejemplo:

- 15 ordenadores.
- Una impresora.
- Teclados, ratones y pantallas suficientes para los 15 ordenadores.
- Tres *routers* y un *switch.*
- Mobiliario suficiente para la instalación de todos los componentes: 18 mesas y 15 sillas.

La ubicación y las medidas de protección física de la sala deberán decidirse atendiendo a los siguientes aspectos:

Se instalarán, como mínimo, dos extintores pequeños: uno al lado de la puerta dentro de la sala y el otro en el otro extremo de la habitación. Estos extintores deben estar encerrados en un armario que solo debe abrirse en caso de incendio para evitar utilizaciones indebidas.

Armario para extintores

- Instalación de sistemas antiincendios y de detectores de humo e incendio.
- La sala debe mantenerse a una temperatura estable, por lo que se recomienda instalar aire acondicionado y configurarlo para mantener la habitación a unos 21 °C habitualmente. El aparato de aire acondicionado deberá ubicarse al principio de la habitación, frente a todo el mobiliario.
- Además de la instalación de detectores de humo e incendios, la habitación también debe contener detectores de inundación con alarmas ubicadas en sitios visibles. Se recomienda también que se instalen fuera de la habitación (pero conectados a ella) sistemas de drenaje y tubos que permitan retrasar la inundación y poder salvar el máximo de datos posible.
- Ubicación de los *routers, switch* y los servidores dentro de los armarios de cableado para garantizar la máxima protección ante agentes externos como incendios, gases, radiaciones, etc.
- El cableado de red debe realizarse con la utilización de canaletas que lo protejan de líquidos, humedades y otros agentes externos.
- El cableado de alimentación, sin embargo, se ubicará por el suelo (a ser posible bajo el suelo) para minimizar el riesgo eléctrico.

Canaletas

- La ubicación de los armarios de cableado debería estar en otra sala distinta a la que se sitúen los equipos informáticos. En esta sala se recomienda la instalación de puertas herméticas e ignífugas.
- En la misma habitación donde se ubiquen los armarios de cableado también se debe encontrar la red de conexión del sistema informático y

la red de alimentación de los equipos, acompañada de los SAI que sean necesarios.

■ Si las mesas son de tamaño pequeño-mediano, solo deberán contener un equipo para garantizar la adecuada ventilación de los mismos y la comodidad de los usuarios.

■ Se instalarán cámaras de seguridad para vigilar las instalaciones y controlar todos los accesos a las mismas.

 Nota

Como medida adicional se puede plantear la distribución de los equipos informáticos en salas separadas para reducir el riesgo de los factores ambientales. Aunque los riesgos deben ser mínimos, al estar los equipos en salas separadas, si hay algún desastre puede verse afectada una sola sala manteniendo a los equipos de las otras en perfectas condiciones.

5.2. Elegir el emplazamiento de los diferentes equipos *hardware*

Una vez decidida la ubicación de los distintos equipos electrónicos dentro de una sala determinada, lo único que queda es establecer cómo acomodar los equipos y sus dispositivos de modo que su utilización cumpla con unas condiciones ergonómicas adecuadas y sea lo más cómoda posible para sus usuarios.

Al trabajar con equipos informáticos se está expuesto a un riesgo de daños graves. Hay incluso estudios que manifiestan que ciertos hábitos pueden ocasionar lesiones a los usuarios. Estos hábitos con efectos perjudiciales son los siguientes:

■ Intervalos de tiempo prolongados de escritura al teclado.

■ Exposición a la luz y el brillo de una pantalla durante largos períodos.

■ Hábitos de trabajo incorrectos.

■ Problemas anteriores de salud (por ejemplo, problemas de columna, problemas de circulación, etc.).

- Disposición incorrecta del puesto de trabajo.
- Postura inadecuada.

Para minimizar el riesgo de lesión la disposición y configuración de los equipos se debe diseñar atendiendo a una serie de recomendaciones específicas para elegir el equipo de trabajo adecuado que se muestra en la tabla siguiente:

Equipo de trabajo
Pantalla
Teclado
Otros dispositivos de entrada
Reposamuñecas
Mesa de trabajo
Documentos
Portadocumentos
Silla
Cableado
Postura de trabajo
Soporte del monitor

El diseño ergonómico de los equipos *hardware* y del equipo de trabajo deberá conseguir que todos los elementos formen un todo coherente, teniendo en cuenta las interacciones que se producen entre estos elementos y sus usuarios.

Para diseñar el puesto de trabajo deben tenerse en cuenta las dimensiones de los usuarios de modo que estos tengan espacio suficiente en las sillas y mesas para alojar las piernas y poder cambiar de postura cada cierto tiempo.

En cuanto al acceso y la ubicación de los puestos de trabajo debe haber el suficiente espacio para que el acceso a estos se pueda realizar sin dificultad y para que los usuarios puedan sentarse y levantarse sin problemas.

Para determinar la disposición de los puestos de trabajo se tendrá en cuenta también la actividad del grupo de trabajo y las necesidades de movimiento de cada uno de sus miembros.

Emplazamiento de la pantalla

Para que la ubicación de la pantalla cumpla con las condiciones ergonómicas adecuadas se formulan las siguientes recomendaciones:

- Elegir el tamaño de la pantalla y la resolución acordes a las tareas que se realizarán y a la distancia de visión entre el usuario y la pantalla.
- Las pantallas deben contener ajustes que permitan configurar el brillo y el contraste de las imágenes para adaptarlas a las necesidades del usuario.
- Las pantallas deben enfocarse hacia sitios donde no haya reflejos, intentando acondicionar el entorno (mediante cortinas, por ejemplo) que permitan una mejor visión y eliminación de estos reflejos.
- La distancia de lectura entre la pantalla y el usuario debe ser, como mínimo, de 40 mm.
- Se recomienda un ángulo de la línea de visión horizontal entre 0° y 40° para evitar posturas inadecuadas de los usuarios.

Ergonomía en la utilización de un equipo informático

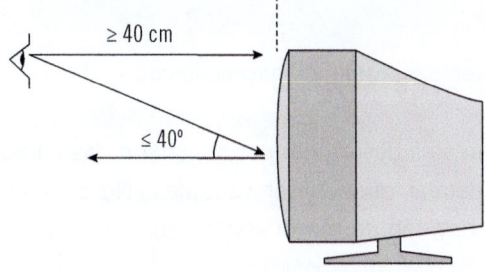

Soporte de monitor

El soporte del monitor es un elemento del mobiliario que se utiliza para regular los ángulos de visión del usuario y ubicar la pantalla del modo más confortable para este.

Este soporte debe permitir la rotación horizontal de la pantalla (90°) y una inclinación vertical adecuada que favorezca la adopción de posturas correctas al poder regular suficientemente el monitor en la altura más adecuada.

Si la movilidad del monitor no permite una rotación horizontal de 90° y una inclinación vertical de 15° será necesario regular la altura, por lo que se recomienda la utilización del soporte del monitor.

Si, aun así, no se pudiera regular de un modo adecuado, deberá plantearse cambiar la ubicación de la pantalla para darle una mayor movilidad.

Soporte del monitor

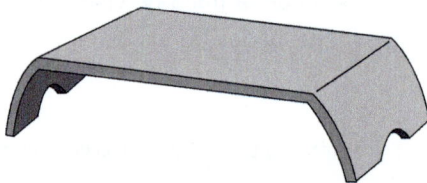

Disposición del teclado, ratón y reposamuñecas

Según las tareas a desarrollar por el usuario, las características del teclado y del ratón a instalar pueden ser variables. No obstante, las características generales que permitan un mayor confort son bastante comunes a todos ellos.

En cuanto al teclado, este debe estar dispuesto de tal manera que permita la movilidad de los usuarios sin que se generen molestias o problemas de comodidad. Se pueden presentar varias discrepancias sobre la elección del teclado más adecuado, habiendo diseños desde teclados partidos hasta teclados adaptados a personas con discapacidad.

En lo que hay más acuerdo y conformidad hay es en las características y ubicación del ratón:

- Debe adaptarse a la curvatura de la mano.
- Se ubicará a la derecha o a la izquierda del teclado según si el usuario es diestro o zurdo, respectivamente.
- La superficie sobre la que se utilice el ratón debe permitir que el deslizamiento sea fácil.
- Se ubicará tan cerca del teclado como sea posible.
- El ratón debe ser apto tanto para diestros como para zurdos.

Para reducir la carga en los miembros superiores por la utilización exhaustiva del teclado y del ratón se utiliza el reposamuñecas. Se trata de un accesorio que permite una correcta alineación del antebrazo, la muñeca y la mano de modo que se evitan lesiones musculares y problemas de cansancio e incomodidad.

Reposamuñecas

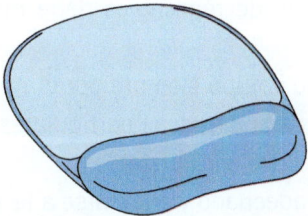

Las características de un diseño y ubicación adecuados de un reposamuñecas deben seguir los siguientes consejos:

- No debe restringir la postura más cómoda para el usuario.
- Tampoco debe restringir la utilización del teclado.
- La profundidad de los reposamuñecas debe estar entre los 5 mm y los 10 mm.
- La anchura será como la del teclado o la que sea más adecuada para el desarrollo de las tareas del usuario.
- El soporte debe ser estable y antideslizante.

Disposición de la mesa o superficie de trabajo

La determinación del tamaño de la mesa para un equipo informático es una de las más difíciles de recomendar, ya que dependerá en mayor parte de los distintos dispositivos que este lleve acoplados y de las necesidades y tareas de cada usuario.

No obstante, lo que debe tenerse claro es que la altura de la mesa en relación a la altura de la silla debe amoldarse a la altura del usuario de modo que este pueda adoptar la postura más cómoda posible. Por ello se recomienda la utilización de sillas y mesas de altura regulable.

Las características de la mesa y de la silla de trabajo deben permitir los siguientes aspectos:

- Ubicar el teclado y el ratón en la posición más adecuada para el usuario.
- El usuario debe poder apoyar los pies sobre el suelo para minimizar los problemas de espalda.
- La silla y la utilización de reposapiés debe mejorar la circulación del usuario.
- Utilización del mismo equipo siempre por el mismo usuario, adaptando su disposición a sus características particulares.
- La altura del asiento debe ser ajustable.
- El respaldo debe ser adecuado y adaptarse a la zona lumbar del usuario.

Reposapiés

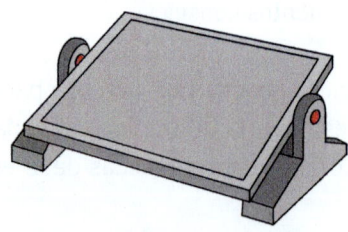

Disposición del cableado

Para maximizar la seguridad laboral de los usuarios y mantener una protección adecuada del cableado de la sala donde se ubiquen los equipos informáticos deben tenerse en cuenta una serie de consideraciones:

- El cableado no debe estar en lugares donde suponga un obstáculo para las zonas de paso de los usuarios.
- La longitud de los cables debe ser lo suficientemente holgada para poder modificar el equipo y sus dispositivos con facilidad (cambio de ubicación de periféricos, por ejemplo).
- El acceso a las conexiones eléctricas y de red debe ser sencillo.
- Se recomienda la utilización de tomas de tierra.
- No se aconseja la conexión de más de tres enchufes por toma de tierra.
- El cableado de transmisión de energía no puede estar ubicado junto con el cableado de comunicaciones.
- Deben establecerse rutinas de mantenimiento de las conexiones y del cableado de modo que se garantice la seguridad del trabajador sin que haya interrupciones en su trabajo.

 Actividades

20. Considere en qué medida puede afectar una mala postura en la utilización de un equipo informático. Justifique su respuesta.

6. Resumen

Para la instalación de equipos informáticos y de todos los dispositivos necesarios para las tareas y actividades de una organización es necesario establecer las condiciones ambientales más adecuadas que garanticen un funcionamiento óptimo.

Los dispositivos *hardware* pueden verse afectados por factores ambientales como: temperatura, ruido, humedad relativa, vibración, campos electromagnéticos, etc., siendo el más importante el factor temperatura.

A pesar de haber recomendaciones ambientales genéricas, cuando se pretende instalar cualquier elemento *hardware* deben buscarse las especificaciones en sus instrucciones para conocer si es necesario el mantenimiento específico de alguna condición ambiental fuera de lo común (por ejemplo, si necesitan una temperatura muy específica o son especialmente sensibles a las vibraciones).

Otro factor a tener en cuenta para la instalación de los equipos informáticos es la calidad del suministro industrial en cuanto a la instalación eléctrica y al sistema de refrigeración. Por un lado, debe comprobarse que el consumo de los equipos es suficiente para la instalación eléctrica y la potencia contratadas y utilizar SAI que permitan mantener la energía ante interrupciones de suministro.

Por otra parte, debe comprobarse también la instalación de refrigeración, revisando las especificaciones de temperatura y humedad para los distintos elementos *hardware* e implantando sistemas de refrigeración (como aparatos de aire acondicionado) que permitan mantener estos factores en condiciones óptimas.

Por último, una vez verificada la calidad del suministro industrial y determinados los posibles factores ambientales que pueden afectar a los equipos informáticos, deberá diseñarse la ubicación de los equipos de la sala eligiendo la distribución de los mismos según criterios ambientales y decidiendo su emplazamiento, tratando de mantener unos niveles de seguridad ambiental y de ergonomía en el trabajo adecuados.

Ejercicios de repaso y autoevaluación

1. Rellene el siguiente gráfico indicando los distintos tipos de seguridad informática:

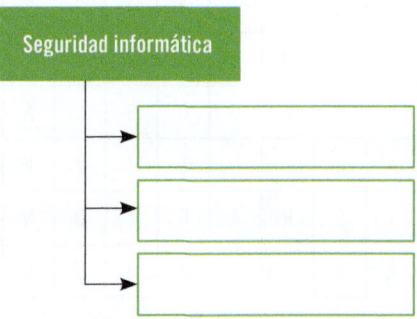

2. ¿Qué es la seguridad ambiental? ¿A qué hace referencia? Ponga algunos ejemplos de medidas de seguridad ambiental.

_____

_____

_____

_____

_____

_____

_____

3. Busque en la sopa de letra cinco factores ambientales que pueden afectar al funcionamiento de un sistema de información.

T	E	M	P	E	R	A	T	U	R	A
A	B	E	E	T	Y	A	P	R	S	A
R	T	U	U	A	K	H	O	L	P	R
A	F	U	E	G	O	S	L	A	R	A
S	A	R	T	U	L	J	V	V	E	D
V	I	B	R	A	C	I	O	N	S	T
C	A	R	Y	J	K	V	E	U	O	S

4. Relacione las siguientes recomendaciones con el factor ambiental al que hacen referencia:

   a. Ubicar las instalaciones en zonas con baja probabilidad de inundaciones.
   b. Aislar las principales fuentes de calor.
   c. Revisión periódica de los extintores.
   d. Utilización de cables reforzados y recubiertos.

   __ Energía eléctrica.
   __ Agua.
   __ Temperatura.
   __ Incendio.

5. Complete los espacios libres de la siguiente oración:

La acumulación de polvo puede afectar gravemente a la información contenida en los dispositivos de _____. Además, al evitar la _____ _____ de los equipos y dispositivos se provoca un aumento de la _____ _____ que puede ocasionar fallos importantes además de posibles _____.

6. Indique cuál de los siguientes elementos no se corresponde con un factor ambiental que afecte al funcionamiento de los equipos informáticos:

    a. Fuego.
    b. Energía eléctrica.
    c. Magnetismo.
    d. Contaminación ambiental.

7. Formule cinco recomendaciones que eviten inundaciones y minimicen sus efectos.

_____

_____

_____

_____

_____

_____

_____

8. Complete los espacios libres de la siguiente oración:

Las redes de _____ deben instalarse en armarios de _____ _____ se trata de habitaciones o armarios (dependiendo del tamaño de la _____) diseñados específicamente para ubicar el cableado de una red de datos. Estos armarios son el punto de _____ central para el cableado de la red y para el equipo que conecta todos sus _____.

9. Rellene la siguiente tabla indicando los principales factores ambientales que afectan a las comunicaciones:

FACTORES AMBIENTALES QUE AFECTAN A LAS COMUNICACIONES

10. Ponga al menos cuatro ejemplos de posibles causas de interferencias electro-magnéticas.

11. Indique con qué aparato se miden los siguientes factores ambientales:

a. Temperatura.

b. Ruido.

c. Vibración.

_____

d. Campo electromagnético.

_____

12. **Complete la siguiente tabla relacionando los factores ambientales con las unidades de medida utilizadas en sus mediciones:**

FACTOR AMBIENTAL	UNIDAD DE MEDIDA
Temperatura	Grados centígrados (ºC).
Ruido	
Vibración	Metros partidos por segundo al cuadrado o m/s^2.
Campo electromagnético	

13. **Complete los espacios libres de la siguiente oración:**

Una instalación _____ de calidad garantiza que se produzcan menos interrupciones del suministro y se minimice la posibilidad de apagones inesperados que dañen la _____ de los equipos informáticos. Para conocer esta calidad deben evaluarse dos factores: la _____ de la instalación y la utilización de _____ que garanticen el _____ de los equipos electrónicos ante interrupciones de energía.

14. Rellene la siguiente tabla con los rangos de uso óptimo y los rangos de uso máximo de los parámetros de los factores ambientales:

RANGOS DE USO DE LOS PARÁMETROS DE LOS FACTORES AMBIENTALES

Factor ambiental/Parámetro	Rango de uso óptimo	Rango de uso máximo
Temperatura		0 °C - 35 °C
Humedad	30 % - 55 %	
Ruido		-
Vibración continua		-
Vibración transitoria		128 m/s^2
Campo electromagnético	200-300 microteslas	

15. ¿Qué es la ergonomía? ¿Y la seguridad laboral?

_____
_____
_____
_____
_____
_____
_____
_____

Bibliografía

Monografías

▌ GOMEZ, J.: *Administración avanzada de sistemas informáticos.* Madrid: Editorial RA-MA, 2010.

▌ JIMENEZ Cumbreras, I.M.: *Fundamentos de hardware.* Madrid: Garceta Grupo Editorial, 2013.

▌ JIMENEZ Cumbreras, I.M.: *Sistemas informáticos.* Madrid: Garceta Grupo Editorial, 2012.

▌ MUELLER, S.: *Upgrading and Repairing PCs 21st Edition.* Indiannapolis: Que, 2012.

▌ PUIGJANER, R.: *Evaluación y explotación de sistemas informáticos.* Madrid: Editorial Síntesis, 1995.

▌ SEBER, S., VALOR, J., PORTA, V.: *Los actuales sistemas de información en la empresa actual.* Madrid: McGraw-Hill, 2005.

Textos electrónicos, bases de datos y programas informáticos

▌ Aulaclic, de: <http://www.aulaclic.es>.

▌ Instituto Nacional de Ciberseguridad (Incibe), de: <https://www.incibe.es/>.

▌ Normas ISO/IEC, de: <http://www.ISO27000.es>.